Nur ein paar Stündchen

Nix wie raus, ganz schnell ins Grüne. Auch mit wenig Zeit lässt sich Großartiges erleben. Kleine und große Abenteuer warten direkt vor der Haustür.

4H

Raus für einen Tag

Man muss nicht das Land verlassen, um neue Welten zu entdecken. Einfach mal einen Tag lang raus aus dem Alltagsallerlei und rein in die Natur.

12H

Ferien für ein Wochenende

Warum auf die große Auszeit warten, wenn man einen Wochenendtrip in der Nähe machen kann? Vergnügen, Abenteuer und Wohlgefühl kompakt und intensiv.

36H

Abenteuer
ESKAPADEN
AUSZEIT
AUSGLEICH
Wochenende
LÄCHELN
STADT.LAND.FLUSS.
LEICHTIG-KEIT
FREE
ERLEBEN
GRÜN
kleine Fluchten
Wege
Lebensfreude
NATUR
GLÜCK
von Ann-Christin Meermeier
und Rebecca Schirge

ABSTECHER
AB SEITE 8

AUSFLÜGE
AB SEITE 94

MINIURLAUB
AB SEITE 180

LIEBE LESERIN, LIEBER LESER,

»Ostwestfalen ist gar nicht so übel.« Das sagt man hier gerne über die Heimat. Eigenlob oder Stolz sind nämlich nicht gerade typische Eigenschaften der Ostwestfalen. Fragt man sie aber nach ihren Lieblingsorten, geraten die meisten doch ins Schwärmen. Sie erzählen von einsamen Ecken im Teutoburger Wald, wo man nachts noch die Sterne sehen kann, von wildwüchsigen Tälern und tausendjährigen Eichen.

Gründe gibt es genug, die ausgetretenen Pfade zu verlassen und die Heimat neu zu entdecken! Zum Beispiel per Stand-up-Paddleboard auf dem »Amazonas Ostwestfalens«, mit dem Alpaka durch Wiesen und Wälder oder in Gummistiefeln durch die Alme.

Viele wunderbare Eskapaden in Ostwestfalen-Lippe wünschen Ihnen, dir und euch

A. Hermeier

R. Sg

PS: Informationen zum GPX-Download gibt's auf Seite 224.

AUSZEIT.
ABENTEUER.
LEBENSFREUDE.

1. KAPITEL ABSTECHER

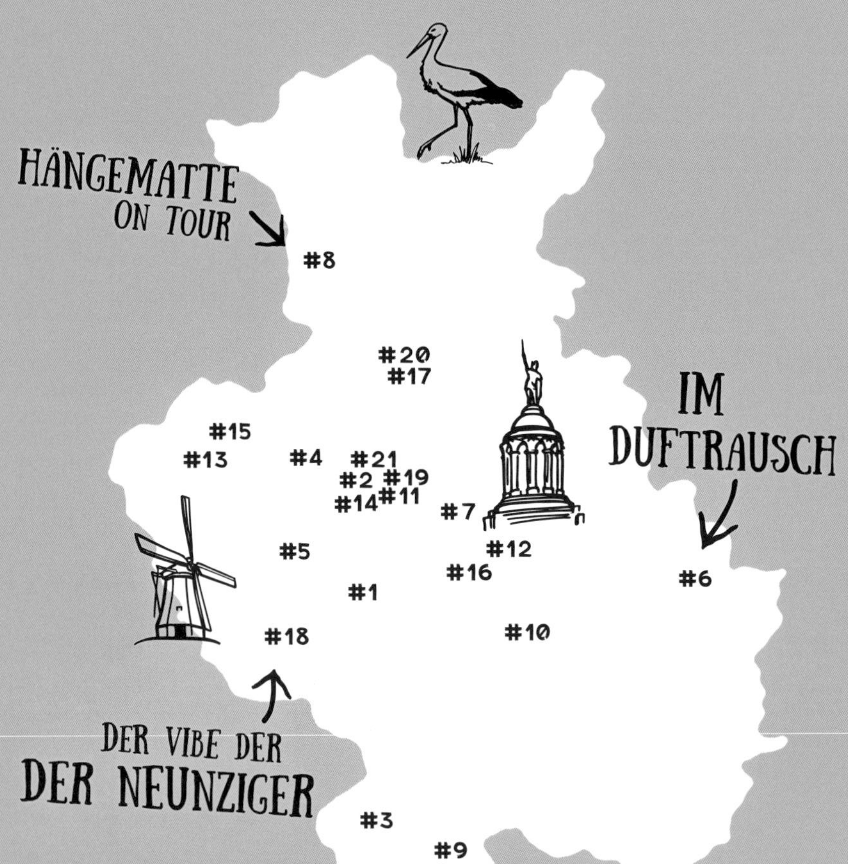

Nur ein paar Stündchen

Im Wald in der Hängematte chillen, Farben für den Winter sammeln oder den Sonnenaufgang über den Dächern der Stadt zelebrieren. Kleine Auszeiten für den Alltag.

RÜCKKEHR DER ZUGVÖGEL

Deiche, Schilf und endloses Feuchtgrünland – wer sich nach ein wenig Nordsee-Feeling sehnt, ist am Steinhorster Becken richtig. Die einzigartige Landschaft ist nicht nur für seltene Wat- und Wasservögel ein willkommenes Refugium.

#KaffeeundKuchen #Fernglasgucken #Nordseefeeling #Frühlingsboten

Ein Paradies für Wildtiere: Durch das Stauwehr mit Fischtreppe kann der Wasserstand reguliert werden.

Langsam lichtet sich der Nebel über den Feldern. Es ist noch ziemlich frisch an diesem Tag, doch die Märzsonne sendet beharrlich ihre ersten Strahlen, die den Jahreswechsel ankündigen. Und dann sind sie zu hören – die Boten des Frühlings. Lange, bevor man sie sieht. Der Ruf der Kraniche ist unverkennbar. V-förmig ziehen sie am Himmel entlang, erschöpft von ihrem langen Flug gen Norden. Was sie wohl auf ihrer Reise erlebt haben mögen?

Hier am Steinhorster Becken lässt sich die Rückkehr der Zugvögel besonders gut zelebrieren, denn mit 82,6 Hektar ist es das größte von Menschen geschaffene Biotop Nordrhein-Westfalens. Ursprünglich wurde es Anfang der 1970er-Jahre als Rückhaltebecken errichtet, um die an der Ems liegenden Städte Rietberg und Rheda-Wiesenbrück vor Überschwemmungen zu schützen. Doch kaum war die Anlage fertig, siedelten sich dort die ersten gefiederten Freunde an. Und es wurden immer mehr. Mittlerweile ist das Steinhorster Becken ein Refugium für mehr als 180 Vogelarten. Vor

---

Hin & weg: Mit dem Bus D 5 vom Paderborner Hauptbahnhof bis zur Endhaltestelle Steinhorst, Kindergarten. Ein Besucher-Parkplatz befindet sich an der Neubrückstraße zwischen Delbrück-Steinhorst und Rietberg-Westerwiehe. Die Runde ums Steinhorster Becken lässt sich gut mit einer Radtour verbinden, denn sie liegt unter anderem am Emsradweg.

Beste Zeit: Ganzjährig landschaftlich reizvoll. Ab März kehren Langstreckenzieher wie Störche in ihre Brutgebiete zurück.

Dauer & Strecke: Gehzeit 1,5 Std., 5,3 km. Mit Vogelbeobachtung am besten mehr Zeit einplanen.

Ausrüstung: Fernglas und Vogelbestimmungsbuch, falls vorhanden.

Nostalgie pur: Das Café Brinkmeier befindet sich in einem über 250 Jahre alten Fachwerkhaus.

allem durchziehende Watvögel und Enten finden in dieser wasserreichen Region störungsfreie Bereiche, um zu rasten, zu brüten und Nahrung aufzunehmen. Aber auch Reiher, Kormorane und Störche erfreuen sich am reich gedeckten Tisch. Tausende Kilometer haben sie hinter sich, wenn sie die nördlichen Gefilde mit letzter Kraft erreichen. In der Hoffnung, ein Naturparadies zu finden, das ihnen Schutz und Nahrung bietet. Im Steinhorster Becken werden sie fündig. Kein Wunder, dass sich hier auch täglich Ornithologen tummeln, um dem Naturereignis beizuwohnen. Zahlreiche hölzerne Beobachtungstürme machen dies möglich. Glück hat, wer mit einem der Experten ins Gespräch kommt, denn ihre Begeisterung ist ansteckend. Und auch ein Blick durch ihre speziellen Objektive lohnt sich, so lassen sich seltene Exemplare wie der Löffler vielleicht ganz aus nächster Nähe sehen.

Auch für stille Momente mit sich selbst ist dieser Ort geeignet: Zahlreiche Bänke laden mit Blick auf Wasser, Weiden und Wiesen zum Verweilen ein. Wer Ruhe sucht, findet sie am besten in den Morgenstunden.

Kalt geworden? Einen kleinen Abstecher ins gemütliche Bauernhof-Café Brinkmeier (www.cafe-brinkmeier.de) sollte man sich nicht entgehen lassen, denn dort gibt es leckeren hausgemachten Kuchen.

FAZIT: EIN WUNDERBARER AUSFLUG ZUM ABSCHALTEN UND AUFTANKEN. DAS SAHNEHÄUBCHEN FÜR ZWISCHENDURCH: EIN HEIßER KAKAO IM CAFÉ.

→ ABSTECHER …

FRÜHLINGS-ERWACHEN

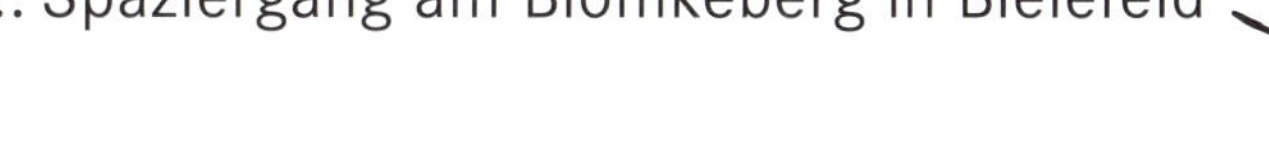

… Spaziergang am Blömkeberg in Bielefeld

#2

Bärlauchduft liegt in der Luft. Schon von Weitem strömt er einem entgegen. Im Frühjahr lohnt es sich besonders, dieses märchenhafte Fleckchen im Teutoburger Wald zu besuchen, denn dann rollt Mutter Natur einen weißen Blütenteppich aus, der nicht nur die Herzen von Romantikern höherschlagen lässt.

#ganzinWeiß #Liebefeld #Zauberwald #BärlauchduftliegtinderLuft

Die Klosterruine Jostberg wurde 2009 restauriert und wird seitdem von Ehrenamtlichen instand gehalten.

Zugegeben, nach einem Ort für einen romantischen Spaziergang klingt die Galgenheide nicht gerade. Bis Ende des 18. Jahrhunderts war der Name auch Programm: Mörder und Diebe wurden hier öffentlich hingerichtet und zur Abschreckung aufgehängt. Eine Methode, die allerdings nicht den Effekt erzielte, den sich die zuständige Obrigkeit erhoffte. Schwere Verbrechen gab es weiterhin.

Später, in den 1950er-Jahren, entstand am selben Ort die Motorrad-Rennstrecke Bergring auf der Galgenheide, bis zu 30 000 Zuschauer fanden sich zu den spektakulären Veranstaltungen ein. Was viele leider nicht mehr wissen: Bielefeld zählte in der Nachkriegszeit zu den größten Motorradproduzenten Deutschlands. Auch der sechsmalige Deutsche Meister Ernst Hiller ist ein Kind der Stadt – er stammt aus Brackwede.

Von dieser bewegten Geschichte lässt sich heute nichts mehr erkennen, einzig ein paar Schautafeln weisen auf sie hin. Die Tour beginnt an der Übersichtstafel, die nur wenige Schritte von der Schildhofkehre entfernt neben einer rot-weißen Schranke steht. Tumult und Trubel sind dem Natur- und Kulturerlebnispfad Blömkeberg/Galgenheide gewichen, der nicht nur Spaziergänger, sondern auch Biologen wegen seiner vielfältigen Flora und Fauna verzückt. Auf den grünen Hügeln der Galgenheide sieht man dann und wann ein paar Schafe friedlich grasen. Weiter geradeaus schlängelt sich der Pfad bergauf und plötzlich liegt er vor einem, der Kalk-Buchenwald, der zu jeder Jahreszeit etwas Zauberhaftes an sich hat. Vor allem im Frühling lohnt sich ein Besuch – dann, wenn der Bärlauch zu blühen beginnt und den grünen Wald in einen Traum in Weiß verwandelt. Es sind die letzten Tage des Jahres, an denen er uns mit seinem verlockenden Duft betört. Ihn zu pflücken ist hier allerdings nicht erlaubt.

Hin & weg: Mit der Buslinie 29 bis Schildhofkehre.

Beste Zeit: Bärlauch hat von März bis Mai Saison, das Waldstück bietet jedoch ganzjährig schöne Fotomotive.

Dauer & Strecke: 1 Std. und 2,6 km zu Fuß, je nachdem, wie ausführlich man Bienchen und Blümchen betrachtet.

Ausrüstung: Nach Regentagen kann die Strecke teilweise etwas schlammig sein, also entsprechendes Schuhwerk einpacken. Ein Naturbestimmungsbuch für Entdecker.

Die Leichtigkeit des Seins: Bei einer Runde um den Blömkeberg spürt man sie.

Weiter geht's zur Klosterruine Jostberg, die mit ihren moosbewachsenen Steinen und dem Kreuz einen Hauch von Mystik versprüht. Was man hier vorfindet, sind die Überreste eines Franziskanerklosters aus dem 15. Jahrhundert, in dem die Mönche zahlreiche Pilger betreuten, die auf Wallfahrt waren.

Zum Ende des Rundweges gibt es ein weiteres Highlight zu entdecken – den Blömkeberg. Sein Name leitet sich von »Blümchen« ab, und das aus gutem Grund! Wer ganz genau hinschaut, kann auf seinen Grünlandflächen zahlreiche Frühblüher entdecken: Buschwindröschen, Lerchensporn, Scharbockskraut und blaue Leberblümchen sind nur einige davon. Mit etwas Glück begegnet man auch einem Exemplar des seltenen Schwalbenschwanzes. Dieser Schmetterling weiß halt, wo es sich gut leben lässt.

FAZIT: FRÜHLINGSGEFÜHLE SIND BEI DIESER RUNDE INKLUSIVE.

→ ABSTECHER …

WASSER MARSCH!

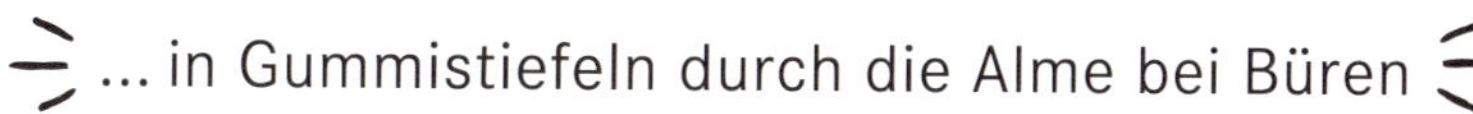

Wer in Gummistiefeln das Haus verlässt, ist für alles gerüstet. Sie bringen einen trockenen Fußes durch Matsch und lassen einen wieder Kind sein. Zum Beispiel, wenn es damit durch Bäche geht. Ein super Ort dafür: der Almeauen Park bei Büren. Hier gibt's obendrein Abenteuer auf einem großen Spielplatz.

#dasGuteliegtnah #nassmachenerwünscht #Bachvergnügen

Die historische Mittelmühle ist inzwischen ein Museum.

Reizvoll um die Alme angelegt, liegt unterhalb der Innenstadt von Büren der Almeauenpark. Er ist so weitläufig und naturnah beschaffen, dass man fast vergisst, in einem Park zu sein. Außerdem ist die Anlage an einem kühlen, aber sonnigen Frühlingsnachmittag unter der Woche so gut wie menschenleer. Perfekte Bedingungen also, um in Gummistiefeln durch Flüsse und Gräben zu waten, die zu dieser Jahreszeit viel Wasser führen. Eine seichte und gut zugängliche Stelle befindet sich nahe des Parkplatzes gegenüber dem Bürener Wasserwerk. Hier steht auch eine Statue des heiligen Johannes von Nepomuk am Ufer der Alme. Er gilt als Helfer bei Gefahr durch Wasser. Dann kann ja gar nichts schiefgehen, also rasch die Gummistiefel anziehen und ab ins Wasser! An besagter Stelle gibt es allerhand flache Steine, die sich über das Wasser flippen lassen. Und auf den großen Steinquadern, die in einem leichten Bogen am Ufer angeordnet sind, kann man sich prima niederlassen und mit Blick auf die Alme ein Picknick einnehmen.

Der Fluss, der im sauerländischen Brilon entspringt und in die Lippe mündet, ist übrigens sehr fischreich. Neben Forellen, Gründlingen und Äschen tummeln sich auch Aale und Rotaugen in ihm.

Hin & weg: Parkplatz des Mauritius-Gymnasiums am Neuen Weg in Büren.

Beste Zeit: Mit dem richtigen Schuhwerk zu jeder Jahreszeit möglich.

Dauer: 1,5–2 Std.

Ausrüstung: Gummistiefel, Picknickdecke, Proviant, evtl. Handtücher fürs Wassertretbecken.

Brücken, Schnecken, Gräben: Im Almeauenpark gibt es einiges zu entdecken.

Wer nicht nur selbst zum Kind geworden ist, sondern auch welche dabeihat, sollte auf jeden Fall den großen Spielplatz auf dem Gelände nutzen. Die Hängebrücke über den Fluss ist auch für Große ein Spaß. Außerdem befinden sich unweit des Spielplatzes noch ein Barfußpfad und ein Wassertretbecken, in dem man – auch ohne Gummistiefel – seine Runden drehen kann. Jeden dritten Sonntag im Monat öffnet die historische Mittelmühle ihre Pforten. Das Bauwerk stammt aus dem 16. Jahrhundert. Zuletzt wurden in ihr Kalkspat und andere Gesteine zu Farbzusätzen vermahlen, jetzt dient sie als Museum.

FAZIT: FÜR KINDER UND ERWACHSENE EIN SUPER AUSFLUGSZIEL.

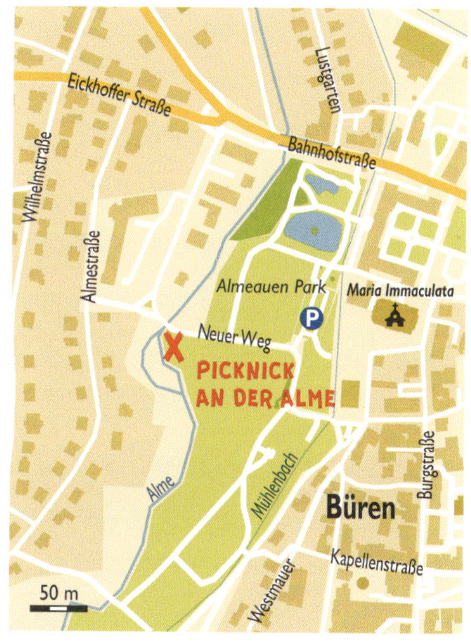

EIN BLAUES WUNDER ERLEBEN

#4

Bloß raus! Nach einem trüben Winter sind alle Farbtupfer willkommen. Davon gibt es im Naturschutzgebiet Jakobsberg zum Glück reichlich. Dort bedecken nämlich Leberblümchen, Veilchen und andere Frühblüher den Waldboden.

#botanischeFreuden #derFrühlinggrüßt #hurraFarbe #Winterade

Noch liegt überall das welke, braune Laub aus dem Vorjahr. Auch die Bäume sind im März noch recht kahl und lassen viel Licht durch ihre Kronen. Genau dann schlägt jedes Jahr die Stunde des Leberblümchens. Überall hat sich der Frühblüher, der lehmigen, kalk- und humusreichen Waldboden liebt, seinen Weg zum Licht gebahnt und zeigt seine blau-violetten Blüten. Das Naturschutzgebiet Jakobsberg bei Steinhagen markiert die nordwestliche Grenze für das Vorkommen der Pflanze, die unter Artenschutz steht. Deswegen gilt hier noch mehr als sonst: unbedingt auf den Wegen bleiben, schon allein, um das Blümchen nicht zu zertreten.

Am besten startet man die kleine Frühlingstour an einem Tag außerhalb des Wochenendes, denn dann ist das Gebiet weniger frequentiert. Ein guter Ausgangspunkt ist der Parkplatz der Gaststätte Friedrichshöhe. Dort stehen die Wegweiser, die die Richtung zu den Leberblümchen anzeigen. Von dort geht's zuerst über die Straße und einen schmalen Pfad auf die leichte Anhöhe gegenüber der Gaststätte. Von hier hat man einen weiten Blick über das Umland. Weiter führt der Weg zwischen Schlehen- und Rosenbüschen in

---

Hin & weg: Parkplatz an der Gaststätte Friedrichshöhe in Steinhagen.

Beste Zeit: März.

Dauer & Strecke: 1 Std., 4,5 km.

Ausrüstung: Sollte es viel geregnet haben, sind Gummistiefel ratsam.

Die Friedrichshöhe ist ein uriges Lokal, das seinesgleichen sucht.

Richtung Wald. An dessen Rand immer links halten und schon bald zeigen sich die ersten blauen Farbtupfer im Laub.

Leberblümchen stehen übrigens nur etwa eine Woche in voller Blüte. Man darf also den richtigen Zeitpunkt für den Ausflug nicht verpassen. Früher gab es unter den Buchen und Hainbuchen häufig einen regelrechten blauen Teppich aus Blüten. Das ist seltener geworden, da einzelne Exemplare aufgrund der wärmeren Temperaturen bereits im Februar blühen und zur eigentlichen Saison bereits verwelkt sind – eine Folge des Klimawandels.

Zunächst folgt man dem Weg A3, auf dem es noch weitere Frühblüher, wie beispielsweise das Waldveilchen, zu entdecken gibt. Frühlingshaftes Vogelgezwitscher gehört zur Wanderung gratis dazu und links vom Weg plätschert der Foddenbach, der eine Fischzucht speist. Ein kurzes Stück der Tour wird auf einer asphaltierten, aber ruhigen Straße absolviert. Dann geht es wieder auf einem Pfad an Wiesen und am Waldrand entlang. Um auf den schöneren Wanderpfaden und nicht auf der Teerstraße fortzufahren, wählt man etwa einen Kilometer vor Erreichen der Friedrichshöhe den Bergweltenweg. Er führt zunächst durch den Wald und schließlich zur Gaststätte zurück.

FAZIT: EINE FARBENREICHE TOUR, DIE FRÜHLINGSGEFÜHLE WECKT.

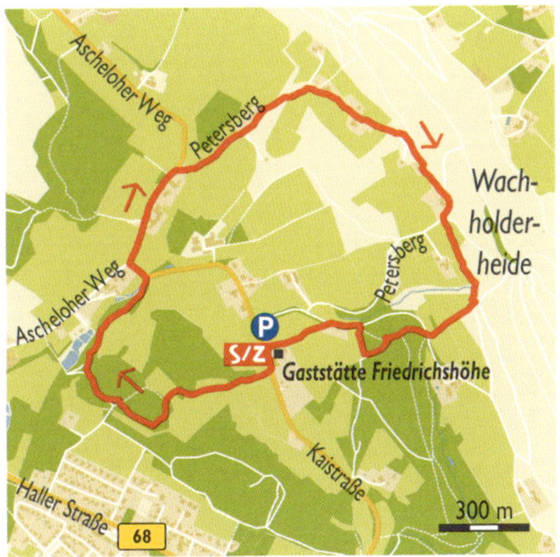

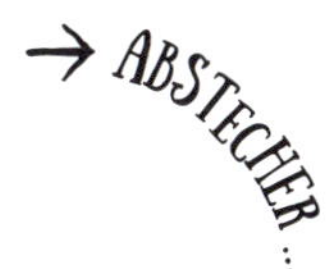

PICKNICK IM GRÜNEN

… im Gütersloher Stadtpark

Park ist nicht gleich Park. Durch einige läuft man besser schnell hindurch. In der Gütersloher Grünanlage mit ihrem alten Baumbestand, den Feuchtwiesen und dem botanischen Garten aber gibt es so viele malerische Orte, dass man Tage dort verbringen möchte.

#bittehierparken #Freiluftvergnügen #Mußepur #Flanierenerwünscht

Ein Steg führt in den naturbelassenen Teil des Parks.

Wenn die meisten Gütersloher noch verschlafen am Frühstückstisch sitzen, ist die beste Zeit für einen Besuch im noch sehr friedlichen Stadtpark. Das eigene Frühstück wird einfach als Picknick unter den hohen Bäumen eingenommen, welche die Wiese rund um den Teich mit Fontäne beschatten. Hier könnte man ewig sitzen, aber dann entgingen einem die vielen zauberhaften Fleckchen in einem der schönsten Parks in Ostwestfalen.

Da wäre die Auenlandschaft rund um die renaturierte Dalke. Auf den Feuchtwiesen leuchten die Sumpfdotterblumen in sattem Gelb. Dazwischen blühen die rosaroten Kuckuckslichtnelken. Um den empfindlichen Lebensraum zu schützen, verlaufen Stege über die Wiesen. An der Dalke entlang taucht man weiter in den Park ab.

Unter großen Bäumen und über Brücken geht es in den Botanischen Garten, der von Rhododendronbüschen gesäumt ist. Ein Teil der Anlage wurde Heilpflanzen gewidmet. In den buchsbaumgesäumten Beeten des Apothekergartens stehen Beinwell, Lungenkraut, Salbei, Eukalyptusbäumchen und Ginkgo. Von Ende Mai an erwartet die Besucher außerdem ein duftendes blaues Meer im sogenannten Lavendelgarten.

Hin & weg: Vom Gütersloher Hauptbahnhof sind es zu Fuß ca. 10 Min. bis zum Karl-Rogge-Weg, der in den Park führt. Parkplätze gibt es an der Oststraße (Nähe Kreuzung Parkstraße).

Beste Zeit: Frühling, Sommer und Herbst.

Dauer: 2–3 Std.

Ausrüstung: Picknickdecke, Leckereien, Muße.

Im Seerosenteich veranstalten zahlreiche Laubfrösche im Frühsommer Konzerte.

An zahlreichen Ecken und unter Lauben stehen Bänke, auf denen man gut eine Pause einlegen und alles auf sich wirken lassen kann.

Das Palmencafé bietet außerdem Getränke, Kuchen und einfache Gerichte an. Unweit des Cafés befindet sich ein Teich. Von hier geht ein beinahe ohrenbetäubender Lärm aus. Etwa ein Dutzend Laubfrösche veranstaltet ein Konzert zwischen den Seerosen. Dieser Teil des Parks ist naturnah gestaltet und so eine gute Ergänzung zu den Blumenbeeten des Botanischen Gartens.

FAZIT: DIESER PARK ENTFALTET SEINEN GANZ BESONDEREN REIZ IN DEN MORGEN- UND ABENDSTUNDEN.

Kleiner Tipp: auf dem Rückweg einmal an der Vogelvoliere hinter dem Palmencafé vorbeischlendern. Dort erwarten einen unter anderem die hübschen Zebrafinken.

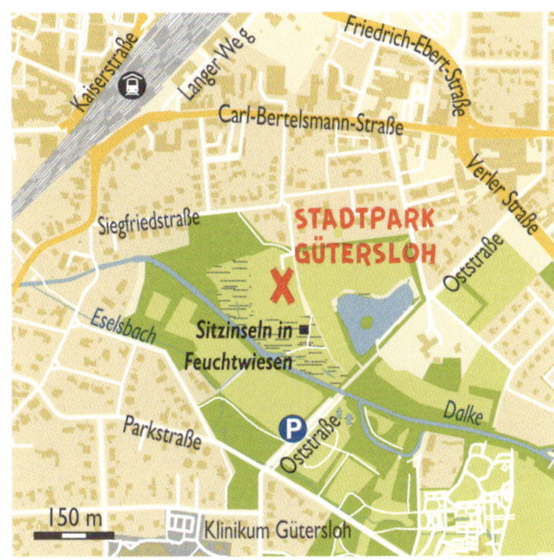

→ Abstecher …

IM BLÜTEN-MEER

… auf der Streuobstwiese in Marienmünster

Es ist einer der wertvollsten Lebensräume für Pflanzen, Insekten, Vögel, Fledermäuse und viele andere Tiere: die Streuobstwiese. Woher der Name stammt und was diese Kulturlandschaft so besonders macht, erfahren diejenigen, die den GPS-Erlebnispfad Streuobst in Marienmünster besuchen.

#mitLerneffekt #derNasenach #imInsektenparadies #involler Pracht

Wer dem Apfel folgt, landet bald im duftenden Blütenmeer.

So abgedroschen die Phrase auch klingt, auf diesen Ausflug trifft sie zu – die Streuobstwiesen in Marienmünster-Vörden sind ein Erlebnis für alle Sinne. Besonders im Frühling, wenn alles in voller Blüte steht. Etwas sollte man dann unbedingt ausprobieren: sich mit geschlossenen Augen unter einen blühenden Baum stellen und die Augen schließen.

Zum Beispiel unter den Heimischen Wildapfelbaum. Der süße Duft aus seinen unzähligen Blüten erfüllt die Nase, und die Ohren sind voll vom Summen der Bienen in seiner Krone. Fast schon ein bisschen beduselt von diesen Eindrücken setzt man die Tour über den Pfad fort.

Eine gratis Handy-App, die man sich am Startpunkt auf dem Parkplatz an der Straße Angerberg/Ecke Windmühlenstraße herunterladen kann, versorgt Besucher auf der Route über die Streuobstwiesen mit Wissenswertem und kleinen Quizfragen. Auch Schautafeln am Wegesrand bieten reichlich Informationen. Diese sind für Kinder verständlich aufbereitet. Beispielsweise wird erklärt, wie Vögel die Bäume gesund halten und warum selbst abgestorbene Bäume noch wertvoll sind.

Ganze 135 verschiedene Obstsorten stehen auf dem Areal. Darunter sind natürlich viele alte Apfel- und Birnensorten, aber auch Mispel, Quitte, Traubenkirsche und Pflaume. Der Heimat- und Kulturverein Marienmünster übernimmt die aufwendige Pflege der Bäume und der Wiesen.

Der Weg ist weithin sichtbar mit einem großen Apfel auf einem Holzschild markiert und lässt sich auch mit dem Kinderwagen oder Rollstuhl passieren. Auf dem ersten Abschnitt zwischen Parkplatz und Streuobstwiesen kommt man übrigens noch an einem jüdischen Friedhof aus dem 19. Jahrhundert vorbei, der von knorrigen Eichen beschattet wird. Er ist einen kurzen Abstecher wert.

Wer mehr Zeit hat, sollte auch der Anlage des ehemaligen Benediktinerklosters Marienmünster einen Besuch abstatten. Es liegt nur anderthalb Kilometer vom Ausgangspunkt der Route entfernt.

Unter einer alten Eiche stehen die Grabsteine des alten jüdischen Friedhofs.

FAZIT: AUGEN, NASE UND OHREN KOMMEN HIER AUF IHRE KOSTEN.

Hin & weg: Vom Bahnhof Höxter gibt es eine Busverbindung (R 90) nach Vörden. Startpunkt ist der Parkplatz an der Straße Angerberg/Ecke Windmühlenweg in Marienmünster-Vörden.

Beste Zeit: Am schönsten ist es zur Blüte im April.

Dauer & Strecke: Wenn man viel guckt, schnuppert und sich informiert, braucht man ca. 1,5 Std. für die 2,7 km.

Ausrüstung: Handy, um die kostenlose App zu nutzen.

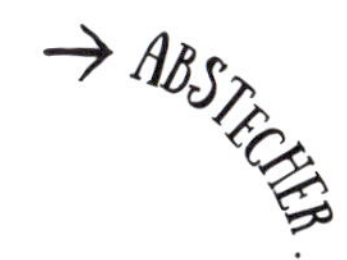

FÜR GROßE UND KLEINE ENTDECKER

… auf dem Eidechsenpfad in Oerlinghausen

#7

Fernglas und Bestimmungsbuch eingepackt und los geht's! Die vielseitige Tour führt durch Wald und Heidelandschaften. Schautafeln informieren über die Artenvielfalt und die Geschichte dieses Gebietes zwischen Teutoburger Wald und Senne. Mit etwas Glück lassen sich sogar Wildpferde und Hochlandrinder blicken.

#typischSenne #HighlightHeideblüte #familientauglich #Insektenparadies

Eben noch führt der Weg unter dem grünen Blätterdach der Buchen im Teutoburger Wald entlang. Ein Schwarzspechtpärchen hämmert eifrig. Wenige Schritte später öffnet sich bereits weite Heidelandschaft. Die Grillen zirpen, es riecht nach Thymian und Oregano, die auf dem kargen Sandboden wachsen. Der Eidechsenpfad in Oerlinghausen steckt voller Überraschungen! Kaum hat man sich an die Eindrücke der einen Landschaft gewöhnt, findet man sich in einer anderen wieder.

Startpunkt ist der Parkplatz des Archäologischen Freilichtmuseums in Oerlinghausen. Von hier aus folgt man einer geteerten Straße, die leicht ansteigend um das Museum herumführt. Sobald eine Schranke passiert ist, taucht der Weg ab in den Wald. Fortan ertappt man sich dabei, wie man Vergleiche zieht: Kiefernwälder wie in Brandenburg, Dünen wie auf den ostfriesischen Inseln, Heide wie bei Lüneburg. Dabei ist das Naturschutzgebiet am Übergang zwischen Teutoburger Wald und karger Senne vor allem eins: einzigartig in seiner Vielfältigkeit. 575 verschiedene Farn- und Blütenpflanzen sowie 664 Insektenarten sind

---

Hin & weg: Linie 34 von Bielefeld Sieker bis Kastanienkrug in Oerlinghausen, dann zu Fuß zum Archäologischen Freilichtmuseum. Hier ist ein Einstieg in den Pfad.

Beste Zeit: Frühling und Sommer (im August blüht die Heide).

Dauer & Strecke: 3 Std. benötigt man für die 6 km, wenn man viel guckt und erkundet.

Ausrüstung: Evtl. Fernglas für das Aufspüren der Rinder und Pferde und ein Bestimmungsbuch bzw. eine entsprechende App.

Typisch Sennelandschaft: die sandigen Kiefernwälder.

hier heimisch. Nicht nur der gefährdete Uhu, auch die seltene Zauneidechse, nach welcher der Pfad benannt ist, lebt hier. Sie nimmt gerne Sonnenbäder auf Baumstümpfen und lässt ihre Eier im Sand von der Sonne ausbrüten.

Die Heidelandschaft entstand erst durch landwirtschaftliche Nutzung. Damit die Flächen nicht verbuschen, grasen hier Schottische Hochlandrinder und Exmoor-Ponys. Die Tiere lassen sich mit etwas Glück vom Aussichtsturm erspähen, der an der Strecke liegt. Von hier hat man außerdem einen guten Blick auf den benachbarten Segelflugplatz.

FAZIT: ABWECHSLUNGSREICHE RUNDTOUR FÜR NATURINTERESSIERTE.

J.M.G. Le Clézio
Wüste
Roman
KiWi

AUSSTEIGEN UND ABHÄNGEN

… in der Hängematte im Wald bei Rödinghausen 

Leicht schaukelt die Hängematte zwischen den beiden Eichen im Wind. Über einem die Baumkronen und einige Vögel. Nebenan ein Blumenfeld und die Aussicht über das Wittekindsland. Manchmal ist es so simpel, etwas Neues zu tun.

#einfachraus #Mikroabenteuer #baumelnlassen #undobendieBäume

Von der historischen Eisenbahnbrücke blickt man auf den unscheinbaren Bahnhof.

Eben noch im Menschengetümmel am Bielefelder Hauptbahnhof und knapp 30 Minuten später mitten im Nirgendwo. Die Haltestelle Mesch Neue Mühle ist so wenig frequentiert, dass sie gar keine reguläre Station ist, sondern ein sogenannter Bedarfshalt. Also nicht vergessen: rechtzeitig den Knopf drücken, damit die Bahn hält, und um später wieder zurückzukommen, gut sichtbar am Bahnsteig platzieren! Wo, wenn nicht hier, sollte man ruhige Plätze fürs Aufhängen einer Hängematte sonst suchen? Die Auszeit in einer baumelnden Liege ist einfach großartig und so unkompliziert. Mittlerweile gibt es Outdoorhängematten aus Fallschirmseide. Sie sind leicht und passen in jeden Rucksack.

In Neue Mühle, das zur Gemeinde Rödinghausen gehört, bahnt sich die Große Aue ihren Weg durch das Wiehengebirge. Der Nebenfluss der Weser fließt durch das Auebachtal. Ein Naturschutzgebiet mit Feuchtwiesen, das nur wenige Gehminuten entfernt vom Bahnhof liegt. Auf der gegenüberliegenden Seite des Bahnsteiges erspäht man dagegen gleich den Wald. In ihm verläuft auf dem Kamm des Wiehengebirges der Wittekindsweg. Er führt über 95 Kilometer von Barkhausen bei Porta Westfalica nach Osnabrück. Die Bahnhaltestelle ist also ebenfalls ein guter Einstiegspunkt für Wanderer.

Hin & weg: Mit dem Zug von Bielefeld in Richtung Rahden zur Haltestelle Mesch Neue Mühle. Der Zug fährt stündlich.

Beste Zeit: Sommer.

Dauer: 2–3 Std.

Ausrüstung: Outdoor-Hängematte aus Nylon (sie sind leichter als herkömmliche Modelle), kleines Kopfkissen, Lektüre, evtl. eine Decke.

Den Wald erreicht man über eine denkmalgeschützte Eisenbahnbrücke, die vom Bahnhof aus schon sichtbar ist und die 1899 erbaut wurde. Hält man sich nach der Brücke links, gelangt man an eine Wiese. Wer am Waldrand oben die Hängematte aufhängt, hat einen wunderbaren Blick über das Ravensberger Hügelland. Wer es waldiger mag, biegt nach der Brücke rechts ab und sucht sich ein Plätzchen zwischen zwei Buchen im Schatten.

Tipp: Man kann auch zwischen zwei Bäumen schaukelnd die Nacht verbringen. Dafür am besten die Besitzer des jeweiligen Grundstücks um Erlaubnis fragen. Damit man in der dünnen Hängematte nicht auskühlt, sollte man sich eine Isomatte unterlegen. Und eine Thermoskanne Tee ist auch kein Fehler.

FAZIT: EINFACH MAL MACHEN! HÄNGEMATTE IN DEN RUCKSACK UND REIN IN DEN ZUG. WOANDERS IM WIND SCHAUKELN ENTSPANNT.

HAPPY FEET

... auf dem Barfußpfad in Bad Wünnenberg

Unsere Füße leisten täglich Schwerstarbeit. Zeit, ihnen mal was Gutes zu tun, zum Beispiel mit einem Besuch auf dem Barfußpfad. In Bad Wünnenberg gibt's die Freiluftmassage für die Füße sogar kostenlos. Also nichts wie hin:
Raus aus Socken und Schuhen und rein ins Abenteuer!

#WellnessfürdieFüße #Sommertage #mitallenSinnen #malwiederKindsein

Ab durch den Sand. Mit geschlossen Augen fühlt es sich fast an, als sei man am Strand.

Gehen, rennen, springen, tanzen oder balancieren – all das wäre ohne unsere Füße nicht möglich. Um die 170 000 Kilometer tragen sie uns unser Leben lang. Als Dank dafür zwängen wir sie oft in viel zu enge Schuhe und schenken ihnen kaum Aufmerksamkeit. Barfußlaufen? Das gönnen wir Städter ihnen höchstens mal während des Sommerurlaubs am Strand.

Dabei täte nicht nur ihnen eine regelmäßige Abwechslung gut. Barfußlaufen auf natürlichem Untergrund hat zahlreiche gesundheitsfördernde Eigenschaften: Es kräftigt die Fußmuskulatur, massiert verschiedene Reflexzonen, verbessert die Körperstatik und schult die Sensomotorik. Auch auf die Psyche soll es sich positiv auswirken – stresslindernd und stimmungshebend zum Beispiel. Klingt gut, los geht's!

Auf dem Barfußpfad in Bad Wünnenberg warten mehr als 20 verschiedene Untergründe. Der Einstieg führt durch ein großes Kunstwerk in Form eines Fußes, dann folgt eine Strecke lang Sand. Ein noch relativ bekanntes Gefühl unter den Füßen, das an heißen Sommertagen wie diesen Urlaubsstimmung aufkommen lässt. Doch spätestens beim Rindenmulch wird's schwierig. Während ein paar Kinder in hohem Tempo überholen, bemerkt man, wie

die eigenen Füße sehr sensibel auf den ungewohnten Untergrund reagieren. Tausende Nervenenden und Sensoren befinden sich an ihren Sohlen. Wer diese nur selten bewusst aktiviert, ist zunächst überrascht von so viel Fußgefühl, gar ein wenig überfordert.

Zum Glück besteht keinerlei Eile, im Gegenteil: Eine kleine Entschleunigung im Alltag kann nie schaden. Schritt für Schritt lässt sich alles viel achtsamer erleben. Das Rauschen des Aabachs, den man immer wieder kreuzt, das Zwitschern der Vögel im Grün und der stete Wechsel des Untergrundes. Grobe und feine Kiesel, matschiger Lehm, rauer Rindenmulch, weicher Rasen oder kaltes Wasser – die Natur so pur unter den Fußsohlen zu spüren ist ein herrliches Erlebnis! Am Ende ist man fast ein wenig stolz, dass man alle Stationen ohne zu mogeln bewältigt hat. Vor allem das »Lehmbad« macht Spaß, denn es weckt Erinnerungen an die Kindheit. Schmutzig geworden? Kein Problem, der restliche Matsch lässt sich an der Wasserpumpe am Aatalhaus abwaschen. Besonders schön ist's dann, die Füße,

Hin & weg: Vom Paderborner Hauptbahnhof fährt die Buslinie 410 bis zur Haltestelle Burgstraße. Start und Ziel ist neben dem Aatal-Haus (www.aatalhaus.de).

Beste Zeit: Begehbar von April bis Oktober, am besten kommt man morgens oder unter der Woche, wenn es leer ist.

Dauer & Strecke: So lange, wie man Lust hat. Für den 1 km langen Rundweg benötigt man etwa 40 Min., das schöne Gelände mit See lädt zum Picknicken und Verweilen ein. Eintritt frei!

Ausrüstung: Ein kleines Handtuch, krempelbare Hose, Picknicksachen.

Es lohnt sich nicht nur wegen des Barfußpfades nach Bad Wünnenberg zu kommen.

auf dem Holzsteg sitzend, in der Sonne trocknen zu lassen.

Tipp: Wer Lust und ausreichend Zeit mitgebracht hat, kann die Gegend auf einer Wanderung erkunden. Zum Beispiel auf dem 12,6 Kilometer langen Vital-Wanderweg um die Aabachtalsperre, er bietet einen tollen Ausblick auf den großen Stausee, der von bewaldeten Hügeln umgeben ist. Am Ende des Wanderweges wartet ein Kneipp-Becken – hach, welch weitere willkommene Erfrischung für die Füße!

FAZIT: EINFACH ENTSCHLEUNIGEND. SO EIN URLAUB FÜR DIE FÜßE. SOLLTE MAN VIEL ÖFTER MACHEN!

IM URWALD VON MORGEN

#10

Manch einer hat nie einen echten Urwald gesehen. Was daran liegen mag, dass es ihn kaum noch gibt. Wälder, wie wir sie kennen, werden meist vom Menschen bewirtschaftet. Anders im Norden des Eggegebirges – hier wächst der Urwald von morgen. Wer auf dem Naturerbe-Pfad wandert, kann ihn bestaunen.

Man sieht sie nur noch selten: alte Baumriesen, die friedlich daliegen, bis sie zerfallen. Ihre Baumhöhlen bieten Kleinsäugern, Insekten und Vögeln einen wichtigen Lebensraum. Im Laufe der Jahre werden die abgestorbenen Bäume – auch als Totholz bekannt – von Moosen und Flechten besiedelt und letztendlich von Pilzen und Insekten zersetzt. Humus entsteht, der auch jungen Bäumen und anderen Pflanzen als Nährstoff dient. Das ist er, der Kreislauf des Lebens. Eigentlich. Denn die meisten Bäume werden ab einem gewissen Alter gefällt und zur Holzproduktion verwendet. Kaum zu glauben, dass ohne den Einfluss des Menschen etwa zwei Drittel Deutschlands von Buchenwäldern bedeckt wären. Mit Entwicklung der Zivilisation verschwand ihr Lebensraum weitgehend. Heute beträgt ihre Wuchsfläche gerade mal sieben Prozent, und selbst diese letzten verbliebenen Buchenwälder werden fast alle kulturell verändert oder forstlich genutzt.

Im Naturerbe-Wald bei Altenbeken will man zurück zur Natur. Auf rund 1700 Hektar entsteht das bundesweit größte Areal zur Entwicklung von Buchenwald-Wildnis außerhalb

---

Hin & weg: Mit dem Zug zum Bahnhof Altenbeken, von dort fährt der Naturerbe-Bus R 32 direkt zum Start- und Zielpunkt der Wanderung, dem Waldhaus Durbeke, Haltestelle Forsthaus Durbeke.

Beste Zeit: Frühling, Sommer, Herbst.

Dauer & Strecke: 3 Std. gemütliche Wanderzeit mit Picknickpause, Zeit zum Fotografieren und Bäumebestaunen, ca. 7 km.

Ausrüstung: Proviant, Lesetipp: Peter Wohlleben – »Das geheime Leben der Bäume«.

Na, wen haben wir denn da? Wer genau hinschaut, entdeckt viele wunderliche Baumgestalten.

von Nationalparks – der »Urwald von morgen«. Unterwegs auf dem 7,2 Kilometer langen Naturerbe-Pfad kann man diesem beim Wachsen zuschauen. Los geht's am Waldhaus Durbeke, wo zahlreiche weitere Wanderwege ihren Start- und Endpunkt haben.

Der Weg ist gut ausgeschildert, doch wer nichts zu den Hintergründen weiß, wird vielleicht gar nicht bemerken, was an diesem Wald anders ist. Erst bei genauerem Hinschauen sieht man den Unterschied: junge Buchen, die dicht an dicht, geschützt unter dem Blätterdach ihrer Eltern, heranwachsen. Herumliegende, von Moosen und Pilzen besiedelte alte Bäume, die zerfallen und damit Platz für neues Leben machen. All das findet man hier. Denn bereits seit Jahrzehnten durfte die Natur ungestört zu ihren Ursprüngen zurückfinden.

Ein Großteil des Baumbestandes im Naturerbe-Wald ist über 170 Jahre alt. Und so präsentieren sich einem immer wieder beeindruckende Wurzelwerke am Wegesrand. Manche Formationen muten nahezu bizarr an, so wie der »Verschlinger«, eine urige Buche, die aussieht, als habe sie sich zahlreiche Steine einverleibt. Drumherum ein Meer aus wild wachsenden Buchen, die einen mit ihrem frühlingsfrischen Blätterkleid begrüßen.

Auch zahlreiche tierische Bewohner lassen sich mit etwas Glück entdecken, dazu zählen seltene Fledermausarten, Uhus, Schwarzstörche und Haselhühner. Sogar Wildkatzen soll es geben. Scheue Gesellen, denen man an sonnigen Sonntagnachmittagen wohl eher nicht begegnet. Ihre Ruhe sei ihnen gegönnt, man selbst sucht sie ja schließlich auch.

Übrigens: 2011 nahm die UNESCO die »Alten Buchenwälder Deutschlands« in die Welterbeliste auf. Ob sich der Naturerbe-Wald Ostwestfalen-Lippe bald auch dazu zählen darf? Die Zeit wird es zeigen.

FAZIT: JE MEHR MAN SICH VORAB MIT DER WELT DER BÄUME BESCHÄFTIGT, DESTO SPANNENDER WIRD'S.

TIERISCH GUT

… Begegnungen im Dorf Sentana

#11

Her mit dem schönen neuen Leben! Der Begegnungs- und Gnadenhof Sentana bietet Tieren, die teilweise Schlimmes erleben mussten, ein liebevolles Zuhause. Und Menschen die Möglichkeit, sie kennenzulernen. Eine Win-Win-Situation, die glücklich macht.

#rettetdasHuhn #goodkarma #amEndewirdallesgut #einHerzfürTiere

Ein Herz für Tiere: Die tierischen Bewohner freuen sich über Paten.

Schaf Fridolin kuschelt gern. Ehe man sich's versieht, legt er einem seinen wuscheligen Kopf ans Bein. Filzig und ein wenig fettig fühlt sich seine Wolle an, aber das ist ja normal bei Schafen, als Städter streichelt man sie nur nicht alle Tage. Für manch einen ist es sicher sogar das erste Mal. Etwas schüchterner ist Schaf Matilde, neugierig lugt sie unterm Hühnerhaus hervor. Nur gucken, nicht anfassen, lautet ihre Devise. Zumindest vorerst.

Wie zutraulich die Tiere Besuchern gegenüber sind, hängt auch stark von ihrer Vergangenheit ab, viele von ihnen haben Schlimmes erlebt, von Verwahrlosung über Misshandlung bis hin zum drohenden Tod, weil sie alt, krank oder herrenlos sind. Zu den bekanntesten Bewohnern des Dorfes zählt Elsa. Eine rotbraune Kuh, die zehn Wochen allein im Wald umherirrte. Weil sich kein Besitzer ermitteln ließ, sollte Elsa zum Abschuss freigegeben werden. Ein Team von Tierschützern konnte das in letzter Sekunde verhindern. Wie sich später herausstellte, war Elsa einem nahegelegenen Schlachtbetrieb entkommen. Im Dorf Sentana fand sie ein neues Zuhause. Doch die Vergangenheit hat Spuren hinterlassen, Elsa ist nach wie vor traumatisiert. Zum Streicheln an den Zaun kommen? Das mag Elsa nicht, zu groß ist ihr Misstrauen fremden Menschen gegenüber. Verständlich, doch wenn man sie da mit den anderen geretteten Kühen so auf der großen grünen Weide stehen sieht, ist das schon ausreichend Anlass zur Freude.

Mittlerweile haben bereits mehr als 60 Tiere im Begegnungs- und Gnadenhof Sentana ein neues Zuhause gefunden. Minischweine, Ziegen, Ponys und Pferde zählen unter anderem zu den Bewohnern. Ein Erfolg, der nur durch zahlreiche Spenden, Tierpatenschaften und viele ehrenamtliche Helfer möglich wurde. Auch die Einnahmen aus dem kleinen Kiosk kommen der Stiftung zugute. Es lohnt sich, die selbstgemachten veganen Leckereien wie Waffeln und Gebäck an einem der kleinen Tische im Grünen zu genießen und die Tiere in Ruhe zu beobachten. Da sind zum Beispiel die niedlichen Zwergesel Hermine und Maruschka, die herrlich faul in der Sonne dösen.

Hin & weg: Linie 121 ab Bethel Richtung Quelle bis Haltestelle Quellenhof.

Beste Zeit: Ganzjährig, es können auch kostenpflichtige Führungen gebucht werden (www.sentana-stiftung.com).

Dauer: 1 bis 2 Std.

Ausrüstung: Bargeld für Food & Drinks vom Kiosk.

WG der besonderen Art: Leben und leben lassen lautet hier das Motto.

Oder die aus der Massentierhaltung geretteten Legehennen, die munter gackernd über die Rasenflächen rennen, als würden sie ihre Freiheit feiern. Auf den Infotafeln erfährt man allerlei Wissenswertes über die tierischen Bewohner: Wie sie heißen, warum sie hier sind und ob sie es mögen, gestreichelt zu werden.

Was nach dem Besuch zurückbleibt? Das Gefühl von Glück. Es gibt da dieses Zitat, das von Oscar Wilde stammen soll: »Am Ende wird alles gut. Wenn es nicht gut ist, ist es nicht das Ende.« Hier im Dorf Sentana trifft es zu.

Übrigens: Der Eintritt im Dorf Sentana ist kostenlos. Team und Tiere freuen sich aber natürlich über eine kleine Spende. Auch Patenschaften für einzelne Tiere können übernommen werden.

FAZIT: EIN ABSOLUTES MUSS FÜR TIERLIEBHABER!

NERVENKITZEL AM CHERUSKER

... Klettern nahe dem Hermannsdenkmal 

#12

Von unten sehen die Stationen und Konstruktionen nicht sonderlich hoch aus. Steht man aber in fünf Metern Höhe auf einem Drahtseil und blickt nach unten, stellt sich doch ein leichtes Kribbeln ein. Der Kletterpark am Hermannsdenkmal ist etwas für Abenteuer- und Unternehmungslustige.

#Seiltänzeraufgepasst #Höhenangstade #vonBaumzuBaum

Die Bohlen unter den Füßen wackeln hin und her. Bis zur nächsten Plattform sind es nur noch wenige Meter. Wenn der Blick nach unten wandert, erspäht er Brombeeren, die auf dem Waldboden wachsen. Das wäre ein stacheliger Absturz, also besser Konzentration. Noch drei Schritte, dann: Puh! Geschafft! Ein bisschen stolz ist man jedes Mal, wenn eine weitere Station im Kletterpark am Hermannsdenkmal erfolgreich bewältigt wurde. Vor allem am Anfang ist die Höhe Gewöhnungssache, auch in den leichteren Parcours, die nicht ganz so hoch verlaufen. Der Bambini-Parcours für Kinder befindet sich nur etwa einen Meter entfernt vom Boden, während der anspruchsvollste in 14 Metern Höhe liegt. Doch ruhig Blut: Im Grunde kann ja nichts passieren. Die Klettergurte um Beine, Schultern und Becken sitzen fest, und gesichert ist man mit zwei dicken Karabinerhaken. Bevor es losgeht, gibt es eine Einweisung von den Guides, die sowohl den Sitz der Klettergurte überprüfen als auch verraten, wie und wo die Karabinerhaken eingehängt werden. Die Aufgaben sind vielfältig. Mal ist es ein Seil, das zwischen zwei Bäumen gespannt ist, mal sind es Trittbretter zwischen zwei Seilen und mal fährt man mit einem Skateboard von

---

Hin & weg: An der Grotenburgstraße 50 in Detmold liegt der Parkplatz. Am Wochenende und an Feiertagen fährt von Detmold aus auch ein Bus (Touristiklinie 792) zum Hermannsdenkmal.

Beste Zeit: Der Kletterpark öffnet Anfang April und schließt Anfang November.

Dauer: Man wählt zwischen einem 3-Std.- und einem Tagesticket.

Ausrüstung: Turnschuhe und bequeme Freizeitkleidung. Die Anlage liegt komplett im Schatten, also besser warm anziehen, damit man nicht ins Frösteln gerät, wenn man mal warten muss.

Nach kurzer Überwindung machen die Kletteraufgaben richtig Spaß.

Baum zu Baum. Richtig Spaß machen – nach einer kurzen Überwindung – die »Abfahrten«, bei denen man einfach am Haken zum nächsten Baum oder auf den Boden düst. Der Fahrtwind saust in den Ohren, dann ist die viel zu kurze Fahrt auch schon vorbei.

Was wohl der Hermann nebenan über so viel Trubel zu seinen Füßen denkt? Aus seiner Sicht sind die 14 Meter Höhe, in denen sich die mutigsten Kletterer bewegen, wohl nicht der Rede wert. Hermann der Cherusker blickt nämlich aus einer Höhe von 53 Metern über den Teutoburger Wald Richtung Westen. Seit 1875 steht er hier und erinnert an die Varusschlacht. Vermutlich wird er noch sehr lange hier verweilen, ist er doch neben den Externsteinen das meistbesuchte Denkmal Ostwestfalens. Aber wer weiß, lieber noch einmal grüßen, bevor es nach Hause geht.

FAZIT: GUT ABGESICHERT KANN MAN SICH AUF DIESES ABENTEUER OHNE BEDENKEN EINLASSEN.

→ ABSTECHER …

WO EINST DIE RITTER WOHNTEN

… im Tatenhauser Wald bei Halle

#13

Wo sich Fledermaus, Specht und Eisvogel gute Nacht sagen, liegt das Wasserschloss Tatenhausen inmitten eines wunderschönen Waldes mit altem Baumbestand, einem See und kleinen Bachläufen.

#verwunschen #Wasserschlossträume #Spechtparadies #andereWelt

Wer eine romantische Ader hat, ist am Wasserschloss Tatenhausen bestens aufgehoben. Das einstige Rittergut, das 1491 erstmals urkundlich erwähnt wurde, ist zwar nicht für die Öffentlichkeit zugänglich, aber auch von außen erhält man einen guten Eindruck von der Anlage. Außerdem begeistert der Wald um das Wasserschloss mit seinem fast märchenhaften Charme. Der Forst wird ökologisch bewirtschaftet und so finden sich in ihm keine schnurgeraden Baumreihen, sondern ehrwürdige Eichen, Totholz und junge Buchen. Auch bedrohte Tierarten haben hier ein Zuhause gefunden. Die seltene Bechsteinfledermaus beispielsweise wohnt in verlassenen Spechthöhlen. Startpunkt für den kurzen Spaziergang ist der Wanderparkplatz gegenüber des Gasthofes Tatenhausen an der Versmolder Straße. Neben dem Gasthof befindet sich ein Gebäude, das einmal als Badehaus diente. Denn von 1800 bis 1900 wurde neben dem Schloss ein Heilbad betrieben. Davon zeugt noch das Naturdenkmal Torfkuhle, das am Wegesrand liegt. Dort wurde Moor für die Schlammbäder entnommen. Das Torhaus des Schlosses fungierte sogar zwischendurch als Logierhaus für Badegäste.

Auf dem markierten Weg A10 geht es entlang des Rhedaer Bachs in den Wald hinein.

Hin & weg: Parkplatz am Gasthof Tatenhausen in Halle.

Beste Zeit: Frühling, Sommer und Herbst.

Dauer & Strecke: ca. 45 Min., 2,2 km.

Ausrüstung: Festes Schuhwerk.

Verwunschen wirken die alten Tore zum Schloss.

Unter dem grünen Dach der Buchen ist nach wenigen hundert Metern der Vennteichsee erreicht. Danach wartet eine Brücke über den Laibach, rechts folgt eine Schafwiese und schon hat der Wald einen wieder. Schließlich kommt das Schloss langsam näher, wie man an einem mit Efeu bewachsenen alten Tor erkennt. Von hier aus lässt sich ein Blick auf die barocke Orangerie des Schlosses erhaschen, die am Ende einer Lindenallee liegt. Sie entstand 1738.

Dann kommt bereits die Gräfte, hinter der sich das Wasserschloss befindet. Das Hauptgebäude entstand 1540 auf den Fundamenten des alten Rittergutes im Stil der Weserrenaissance. Teile wurden später barock umgestaltet. Wenn im Sommer die Seerosen in der Gräfte blühen, ist die Anlage nochmal so schön anzusehen.

FAZIT: EIN AUSFLUG WIE GEMACHT FÜR ROMANTIKER UND WALDLIEBHABER.

KURZ MAL ABTAUCHEN

... Spaziergang in Bielefeld-Quelle

#14

Wenn es dieser Großstadt an einem mangelt, dann ist es Wasser: Es gibt weder einen Fluss, auf dem man paddeln kann, noch einen öffentlichen Badesee. Dafür hat Bielefeld allerlei Bäche. Der Ems-Lutter-Weg ist eine Ode an die Quelle des gleichnamigen Baches – ein kleines Naturidyll am Rande der Stadt.

 #Stadtflucht #AbkühlungfürdieFüße #Mühlencafe #Brotzeit #barfuß

→ ABSTECHER

Niemöllers Mühle ist die letzte noch funktionstüchtige Wassermühle in Bielefeld.

Die Tour beginnt am Naturbad Brackwede, das zu den schönsten Freibädern Bielefelds zählt. Hier laden nicht nur ein Sandstrand, sondern auch zahlreiche hübsche Strandkörbe zum Verweilen ein. Der Startpunkt könnte gerne etwas präsenter sein, immerhin wurde der Ems-Lutter-Weg erst 2019 neu ausgewiesen und hat mittlerweile auch die Zertifizierung »Qualitätsweg wanderbares Deutschland« vom Deutschen Wanderverband erhalten. Die Wegführung orientiert sich am Verlauf der Lutteraue – ihre Teiche wurden im 19. Jahrhundert als Wasservorrat zum Bleichen von Leinen angelegt. Denn Bielefeld war seit dem 17. Jahrhundert zu einem Zentrum des Leinenhandels aufgestiegen. Der Export reichte weit bis nach England, Holland, Skandinavien und ins Baltikum. Ein Wirtschaftszweig, der mit Entdeckung der Baumwolle in eine schwere Krise geriet.

Linker Hand geht es in einen Waldabschnitt. Auf den folgenden sieben Kilometern überrascht die Landschaft immer wieder mit ihrer

grünen Vielfalt: Da treffen Feuchtwiesen auf Dünenwald und Teiche mit Sumpfgebieten auf Sandtrockenrasen und einen Erlenbruchwald. Am Wegesrand wachsen wilde Blumen und zahlreiche Kräuter, Grillen zirpen, an einem der Teiche sitzt ein Fischreiher nebst seiner Gattin. So viel Natur, in unmittelbarer Nähe zur Stadt, begeistert.

Das sandig weiche Flussbett lädt zu Barfußexpeditionen ein. Warum nicht einfach mal Schuhe und Socken ausziehen und ein paar Meter des Weges im kühlen Nass gehen?! Zum Kneippen reicht die Wassertiefe zwar nicht ganz, trotzdem ist diese kleine Eskapade an heißen Sommertagen herrlich erfrischend.

Kurz vor der restaurierten historischen Wassermühle grasen zur linken Hand ein paar Schafe friedlich vor sich hin, spätestens hier hat man das Gefühl, Zeit und Raum entkommen zu sein. Dann liegt sie vor uns: die historische Wassermühle Niemöllers Mühle (www.niemoellers-muehle.de), die ursprünglich aus dem Jahr 1535 stammt. Heute hat

---

Hin & weg: Direkt zu erreichen über die Buslinien 22, 48, 88 und 121 (Haltestellen: Steiler Weg, Ferdinandstraße, Marienfelder Straße, Café Sport). Parkmöglichkeiten am Naturbad Brackwede (an heißen Sommertagen wird es allerdings voll).

Beste Zeit: April bis Oktober, dann hat auch die alte Wassermühle zu bestimmten Terminen geöffnet.

Dauer & Strecke: 1,5 Std. (mit Naturbeobachtung), Rundweg 7 km.

Ausrüstung: Kleines Handtuch zum Abtrocknen der Füße.

Malerisch: Am Teich neben der Mühle lädt eine Sitzbank zum Verweilen ein.

sie ein eigenes Backhaus mit Steinofen, in dem kräftiges Brot aus Bio-Korn gebacken wird. Zu bestimmten Tagen kann man dieses oder auch Kaffee und frischen Kuchen im Mühlencafé genießen – wann genau, erfährt man auf der Website.

Der Rückweg des Ems-Lutterweges bereitet behutsam auf die Rückkehr in die Realität vor, denn an manchen Stellen der Strecke treffen Stadt und Naturidyll unweigerlich aufeinander, zum Beispiel, wenn sich rechter Hand die Lagerhallen eines Kunststoffherstellers befinden, während sich zur Linken die Lutter munter plätschernd durchs Grün schlängelt. Ein Szenario, das einen zum Wandler zwischen den Welten macht.

FAZIT: EINE KURZE FLUCHT AUS DEM (STADT-)ALLTAG – PERFEKT, UM DEN KOPF FREIZUKRIEGEN.

AUF ZEITREISE

#15

Man sieht dem Waldstück nahe der Haller Innenstadt nicht an, wie viel es in ihm zu entdecken gibt. Dabei beherbergt es alte Begräbnisstätten, Zeugnisse des Nationalsozialismus und Reste einer Ponyreitbahn aus der Kaiserzeit. Eine Runde mit Einblicken in die Vergangenheit und Ausblicken über das Land.

#verwitterteGrabsteine #mitGruselfaktor #GeschichtezwischenBäumen

Wer der Atmosphäre auf alten Friedhöfen etwas abgewinnen kann, wird den Haller Stadtwald mögen. Neben vielen anderen historischen Stationen sind die Grabstätten auf dem Geschichtspfad Kaffeemühle wirklich besonders. Zu Beginn des 19. Jahrhunderts wichen Familien, die es sich finanziell leisten konnten, auf den Wald aus, weil der Friedhof an der Johanniskirche heillos überfüllt war.

Bevor man die ersten Waldgräber erreicht, geht es von der Apothekerstraße/Ecke Storkenweg zunächst auf dem Weg A1 unter einer Kastanienallee den Bergkamp hinauf, am Fachwerkhaus links ab, über den Schützenberg und in den Wald hinein. Dann kommen bald die Gräber der Arzt- und Apothekerfamilie Schmülling. Ihr Begräbnisort mit den verwitterten, moosbewachsenen Steinen unter Hainbuchen entfaltet einen ganz eigentümlichen verwunschenen Charme.

Schon wenige Meter nach dieser Station stößt man auf ein ganz anderes Relikt, nämlich das einer Ponyreitbahn aus der Kaiserzeit. Sie war

---

Hin & weg: Am besten parkt man sein Auto an der Apothekerstraße/Ecke Storkenweg. Wer mit dem Zug kommt, läuft vom Haller Bahnhof weniger als 15 Min.

Beste Zeit: Jederzeit. Der morbide Charme entfaltet sich allerdings am besten im Herbst

Dauer & Strecke: 2 Std. für 2,1 km plus 1 km Abstecher in die Haller Innenstadt.

Ausrüstung: Festes Schuhwerk.

Der Landschaftspark mit dem Aussichtspavillion war schon in der Kaiserzeit ein beliebtes Ziel auf dem Sonntagsspaziergang.

ein typisches Freizeitvergnügen für die Kinder der Großbürger. Bei näherem Hinsehen erkennt man noch die Bodenwellen, auf denen die Bahnen verliefen. Der Weg biegt nach rechts ab und schon findet sich das nächste große Grab. Der repräsentative Stein der Friederike Louise Delius, Frau eines Leinenkaufmannes, steht einsam unter den Buchen. Weiter geht's auf dem Geschichtspfad, wo man zunächst an einem Denkmal für Hermann Hagedorn vorbeikommt, um dann zu seiner »Kaffeemühle« hochzustapfen. Der Aussichtspavillon mit seiner kaffeemühlenartigen Form, den der Geschäftsmann um 1800 errichten ließ, bildete einst das Zentrum eines Landschaftsparks, den Hagedorn hier anlegen ließ. Von der Kaffeemühle aus genießen Spaziergänger einen weiten Blick über die Kleinstadt Halle und das Hinterland.

Im weiteren Verlauf des Weges passiert man nicht nur ein Denkmal für Walther von der Vogelweide sowie ein altes Gärtnerhaus aus den Zeiten des Landschaftsparks und eine weitere große Grabanlage der Familie Kisker, sondern auch den Langenmarckstein. Diesen hatte die Hitlerjugend hier im Jahr 1934 niedergelegt, um der jungen gefallenen Soldaten aus der Schlacht von Langenmarck 1914 zu gedenken. Schließlich geht es zurück zum Ausgangspunkt der Runde.

FAZIT: DIE ATMOSPHÄRE VON ALTEN ORTEN MIT GESCHICHTE FINDET MAN HIER MITTEN IM WALD. DAS MACHT IHN ZU EINEM GANZ BESONDEREN FLECKCHEN.

RENDEVOUZ MIT DER HEIDEBLÜTE

 ... Augenschmaus bei Hövelhof 

Wow, was für ein Auftritt! Im Spätsommer lässt sich im Naturschutzgebiet Moosheide ein ganz besonderes Schauspiel bewundern – die Heideblüte. Sieht ein wenig aus wie Schottland, ist aber tiefstes Ostwestfalen. Ach ja, wild weidende Senner Pferde gibt's bei der Tour sogar noch obendrauf.

#wasnePracht #abindieHeide #dieFarbeLila #Senne #Spätsommer

Wenn Millionen Blüten gleichzeitig lila leuchten, lässt das nicht nur Hobbymaler und Fotografen in Verzückung geraten. Zu schön ist ihr Kontrast zum satten Gelb der Gräser, dem silbrigen Weiß der Birken und dem dunklen Grün der Kiefern. Und so wundert es nicht, dass von August bis September zahlreiche Menschen zum Naturschutzgebiet Moosheide pilgern, um sich an der fantastischen Farbpracht zu erfreuen. Sogar ein eigenes Fest wurde der Heideblüte gewidmet.

Das Naturschutzgebiet, das am westlichen Rand des Truppenübungsplatzes Senne zwischen Stukenbrock und Hövelhof liegt, hat aber noch weitaus mehr zu bieten: Auf über 440 Hektar finden sich hier zahlreiche interessante Pflanzen- und Tierarten. Aber auch der Wechsel von Dünen und Tälern, offenen Heideflächen und Kiefernwäldern und Feuchtwiesen macht das Naturschutzgebiet zu einem lohnenswerten Ausflugsziel. Und das, obwohl die Autobahn A33 nicht weit entfernt ist.

Los geht's am Ems-Informationszentrum, das mit seiner Ausstellung die Vorfreude auf die

---

Hin & weg: Kostenlose Parkplätze gibt's am Ems-Informationszentrum in Hövelhof. Die Sennebahn fährt bis Bahnhof Hövelhof, von dort liegt der Startpunkt mit dem Rad etwa 15 Min. entfernt.

Beste Zeit: Ganzjährig, von August bis September zeigt sich die Heide von ihrer schönsten Seite.

Dauer & Strecke: 3 Std., ca. 11 km.

Ausrüstung: Etwas Proviant kann nie schaden, Trinkwasserspender befinden sich am Ems-Informationszentrum.

Es lohnt sich, genug Zeit zum Anhalten und Umschauen einzuplanen, denn die Route bietet zahlreiche abwechslungsreiche Motive.

Schönheit der Landschaften wecken soll. Der Eintritt ist frei. Die Tour folgt zunächst dem Tal der jungen Ems in westliche Richtung. Mit Wurzeln durchwachsene Wege schlängeln sich durch den Wald, auf dem Boden ein Teppich aus Blaubeersträuchern. Würziger Harzduft liegt in der Luft.

Zwischendurch trifft man immer wieder auf offene Heideflächen. Hier lohnt es sich, eine Weile innezuhalten. Denn jedes Mal, wenn sich die Sonne durch die Wolken schiebt, beginnt das Zwerggehölz in allerlei Violetttönen zu leuchten und bildet somit einen wunderbaren Kontrast zum Goldton der Gräser. Hier und da lassen sich Bienen summend an den Heideblüten nieder, um fleißig Nektar zu sammeln. Das Ergebnis: ein Honig mit ganz besonderem Geschmack.

An ihrem südlichsten Punkt führt die Route am Krollbach entlang. Wer mag, macht an dieser Stelle einen Abstecher zur Heidschnuckenschäferei Senne der Biologischen Station Kreis Paderborn-Senne e. V. (www.bs-paderborn-senne.de > Heidschnuckenschäferei Senne). Zum zertifizierten Bioland-Betrieb gehört eine 500-köpfige Heidschnucken-Herde, die von zwei Schäfern und ihren Hütehunden betreut wird. Im anliegenden Lädchen lassen sich auch hausgemachte Produkte ergattern.

Die Runde führt nun in nördlicher Richtung zu den Emsquellen. Aus einer Sickerquelle entspringt hier einer der längsten Flüsse Deutschlands, der 371 Kilometer später in die Nordsee mündet. Zur Dämmerung lässt sich nahe den Emsquellen manchmal Dam-, Reh- und Schwarzwild beobachten – ein kleines Wunder im Morgennebel.

Kurz vorm Ausgangspunkt der Tour wartet, mit etwas Glück, ein weiteres tierisches Highlight: Die wild weidenden Senner Pferde – sie zählen zu den letzten ihrer Art. Aus der Ferne einen Blick auf ihre anmutige Silhouette zu erhaschen hat beinahe etwas Magisches.

FAZIT: HEIDSCHNUCKE MÜSSTE MAN SEIN! EINE ABWECHSLUNGSREICHE RUNDE, NICHT NUR FÜR FARBENSAMMLER UND FOTOJÄGER.

LEOPOLD-BAD

FLANIEREN MIT STIL

… Spaziergang durch Bad Salzuflen 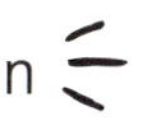

#17

Ein Bummel durch Bad Salzuflen soll so gesund sein wie ein Spaziergang am Meer. Damit wirbt der Kurort im Norden von Ostwestfalen um Besucher. Auch wenn die Küste weit weg ist: Mit ihrem Kurpark und den vielen hübschen Fachwerkhäusern ist die Stadt ein charmantes Ausflugsziel.

#gesundeStadt #Fachwerktraum #fürFithalter #Atemholen

Die Altstadt Bad Salzuflens ist mit ihren vielen Fachwerkhäusern ein ganz besonderes Pflaster.

Rosen blühen in gepflegten Anlagen des Salinenparks, saubere Parkbänke stehen für Spaziergänger bereit, es geht gemütlich zu. Bad Salzuflen kommt daher wie ein typischer Kurort. Dank seiner Thermal- und Solequellen wurde die Stadt schon zu Beginn des 19. Jahrhunderts zum Staatsbad. Und auch heute kommen Gäste von überall. Zu entdecken gibt es neben Bade- und Anwendungshäusern im klassizistischen Stil auch eine wunderschöne Innenstadt, unter anderem mit Gebäuden im Stil der Weserrenaissance.

Der Anziehungs- und Startpunkt dieser Route sind die sogenannten Gradierwerke am Rosengarten. Ursprünglich nutzte man die Konstruktionen mit Wänden aus Schwarzdorn zur Salzgewinnung, heute dienen sie nur noch der Gesundheit. Indem die Sole an unzähligen Zweigen herunterrieselt, verdunstet Wasser zu feinem Nebel. Die salzhaltige Umgebungsluft tut den Lungen und Atemwegen der Passanten wohl. Eine gute Prise Gesundheit gibt es hier also quasi im Vorbeigehen. Übrigens verfügen die Gradierwerke auch über einen Innengang, in dem sich Ruhenischen sowie eine Sole-Nebel-Kammer befinden. Der Zugang ist allerdings kostenpflichtig.

Wurde ausreichend gesunde Salzluft geschnuppert, ist ein Spaziergang in den Landschaftspark eine gute Idee. Dahin gelangt man über die Parkstraße. Im Gegensatz zum Kurpark ist der Eintritt frei. Zunächst erreicht man im Park den großen See mit Fontäne. Der lässt sich übrigens auch von einem Ruderboot aus erkunden. Wer lieber zu Fuß weiter möchte, begibt sich auf eine der ausgeschilderten Spazierrouten, die zum Teil entlang der renaturierten und sich dahinschlängelnden Salze verlaufen. Attraktionen sind unter anderem ein Kneipp-Tretbecken im nördlichen Teil des Parks und Trimm-dich-

---

Hin & weg: Mit dem Zug bis zum Bahnhof Bad Salzuflen, dann zu Fuß ca. 1 km zum Rosengarten.

Beste Zeit: Immer.

Dauer: 3–4 Std.

Ausrüstung: Freizeitkleidung.

Überall blüht es. Der Rosengarten macht seinem Namen alle Ehre.

Geräte. Der Park schließt mit einem Damwildgehege ab.

Es lohnt sich, auch die Altstadt anzuschauen. Hier stehen allerhand denkmalgeschützte Fachwerkhäuser aus dem 16. und 17. Jahrhundert. Ihre Fassaden schmücken zum Teil aufwendige Schnitzereien und farbenfrohes Dekor. Auf dem Salzhof stößt man auf das Denkmal des Salzsieders. Es erinnert an die Saline, die einst hier stand. Das Werkzeug, mit dem der Salzsieder dargestellt ist, diente übrigens dazu, Salzkristalle abzuschöpfen, die sich auf der aufgekochten Sole bildeten.

FAZIT: EIN BUMMEL MIT POSITIVEN EFFEKTEN FÜR DIE GESUNDHEIT.

AUF ROLLEN DURCH DIE FELDER

Wiesen bis zum Horizont, Wege mit glattem Asphalt und kaum Verkehr – die bäuerliche Umgebung des Rietberger Stadtteils Mastholte ist ein ideales Pflaster für Inlineskater. Man rollt ganz ohne Hindernisse vorbei an Bauernhöfen, Feldern, Obstbäumen, Kopfweiden und Birken.

#flacherwirdsnicht #Skaterspaß #durchKartoffeläcker #Treckerüberall

Frische Kartoffeln gibt es hier direkt vom Bauern.

Am besten setzt man sich im Schatten der Jakobi-Kirche in Mastholte auf eine Bank und schnürt dort seine Inlineskates. Dann geht es am Wohnmobilparkplatz raus aus dem Ort, zunächst über die Stukemeyerstraße durch Wohnsiedlungen Richtung Mastholter See. Der ist leider privatisiert und so gibt es keinen Zugang zum Ufer. Aber das tut der Runde keinen Abbruch, denn die Landschaft hat auch sonst ihre Reize. In der Gegend wird noch aktiv Landwirtschaft betrieben. So rollt man vorbei an Kühen und Schafen, die auf den Weiden grasen, sowie an diversen Schildern, die abwechselnd Kartoffeln, frische Eier oder Honig aus eigener Imkerei anpreisen. Dann und wann rauscht ein Trecker vorbei, Autos kommen einem dagegen nur selten in die Quere. Das ist auch der Grund, warum die Runde wie gemacht ist für alle, denen beim Inlineskaten die Praxis fehlt. Zudem sind die Straßen sehr eben und es drohen keine Stolperfallen.

Über den Fahrenkamp gelangt man an den Schwarzen Graben, der die Gemeinden Rietberg und Langenberg trennt. Dieses Gewässer begegnet einem auf der Tour immer wieder. Meistens ist es recht zugewachsen, Schilf wächst im Wasser und Trauerweiden ragen mit ihren Zweigen weit in den Graben.

Hin & weg: Parken am Alten Markt in Mastholte.

Beste Zeit: Frühjahr, Sommer und Herbst bei trockenem Wetter.

Dauer & Strecke: 1,5 Std., 14,5 km.

Ausrüstung: Inlineskates, Schutzausrüstung und ein Gerät/eine Karte zum Navigieren.

Dramatische Wolken über der platten Landschaft bei Mastholte.

Kaum zu glauben, dass im Schwarzen Graben neben Schleien sogar Karpfen und Hechte leben sollen.

Über die Straße Am Blanken stößt man auf die Wimmelheide, um dort eine Weile zu bleiben. Ab und zu steht ein Heiligenhäuschen am Wegesrand. An der T-Kreuzung geht es wieder links und weiter über die Wimmelheide. Dann geht's rechts auf die Katthagenstraße und immer weiter gen Süden, bis der Kiefernweg vor den Rollen liegt. Dieser führt nach Westen bis an die Vennstraße, auf der man am Mastholter See vorbei wieder bis zum Startpunkt fährt. Tipp: Die Route ist auch auf der Seite www.teutoburgerwald.de zu finden.

FAZIT: ANGENEHM SPORTLICHE RUNDE ÜBER FELDER UND WIESEN, DIE AUCH FÜR INLINESKATE-ANFÄNGER SEHR GUT GEEIGNET IST.

ÜBER DEN DÄCHERN DER STADT

… Sonnenaufgang an der Sparrenburg

Wie ein stiller Wächter thront sie über der Stadt. Stark und beständig, nur ihr rot-weißes Fähnchen flattert im Wind. Wer den magischen Moment erleben möchte, wenn das Leben langsam in die Straßen zurückkehrt, sollte die Sparrenburg zum Sonnenaufgang besuchen.

#derfrüheVogel #hochhinauf #Morgenröte #BielefeldVerschwörung

Schon damals diente sie dem Schutz der Menschen, auch aus diesem Zweck wurde sie vermutlich um 1200 von den Grafen von Ravensberg erbaut. Eine ihrer Aufgaben war es, den Weg durch den Teutoburger Pass zu sichern, denn das Territorium der Grafschaft erstreckte sich über diesen Höhenzug.

Auch heute noch fühlt man sich hier oben ein Stück weit geschützt, über den Dingen, vermag sich zu sortieren und durchzuatmen. Vor allem dann, wenn man allein ist. Was allerdings nur gelingt, wenn man die richtige Tageszeit wählt – den Sonnenaufgang zum Beispiel. Während die Dunkelheit langsam der zarten Morgenröte weicht, erwacht die Stadt aus ihrem friedlichen Schlaf. Vögel zwitschern, Spechte klopfen, in der Ferne läuten Kirchenglocken. Es ist der ideale Moment, um hinabzublicken, auf die Dächer der Stadt, Menschen zu beobachten, die hier und da ein Fenster öffnen, um die frische Morgenluft ins Haus zu lassen. Ein neuer Tag beginnt. Das Burggelände selbst ist zu diesen frühen Stunden leider noch nicht zugänglich, doch auch auf der Promenade lässt sich die Morgenröte gebührend begrüßen. Vereinzelt

---

Hin & weg: Parkplätze gibt's direkt vor Ort. Oder man nimmt die Stadtbahn-Linie 1 zum Adenauerplatz und meistert den Aufstieg zu Fuß (macht wach).

Beste Zeit: Ganzjährig, im Sommer ist der Bibberfaktor beim Sonnenaufgang natürlich geringer.

Dauer: So lange, wie ein Sonnenaufgang dauert.

Ausrüstung: Thermoskanne, Picknickdecke, Frühstück. Wer mag, packt Wandersachen ein, denn die Sparrenburg liegt an einem der schönsten Höhenwanderwege Deutschlands.

Welch fantastischer Ausblick: Wald, so weit das Auge reicht.

stehen sogar ein paar Bänke mit Tischen bereit, die zum romantischen Sonnenaufgangspicknick einladen. Mit der Helligkeit kommt die Weitsicht: Linker Hand blickt man auf die kupfernen Turmspitzen der Neustädter Marienkirche, geradeaus liegen die historischen Gemäuer der Ravensberger Spinnerei. Zur rechten Seite befindet sich ein Bauwerk, das zu den weniger prachtvollen Seiten Bielefelds zählt – das Telekom-Gebäude. Aber Schönheit liegt ja bekanntlich im Auge des Betrachters. Sobald das Burggelände geöffnet wird, sollte man die kleine Brücke und das mit Efeu berankte steinerne Tor passieren, denn vom Innenhof aus hat man den beeindruckendsten Panoramablick auf die Dächer der Stadt.

»Bielefeld? Gibt's doch gar nicht!« Mit dieser Verschwörungstheorie werden seine Bewohner häufig konfrontiert – hier oben findet sich der schönste Beweis, dass das nicht stimmt. Um das, was sich unter der Sparrenburg befindet, ranken sich ebenfalls zahlreiche Sagen. Oft hört man, dass sich dort ein geheimnisvoller Tunnel befinde, der direkt in das Herz der Altstadt führe. Ob das wahr ist? Das erfährt man bei einer Gewölbeführung mit Fackel, die historisch interessierte Gäste von April bis Oktober buchen können.

FAZIT: EINE GRANDIOSE MÖGLICHKEIT, DAS ZEITWEISE ÜBERLAUFENE AUSFLUGSZIEL MAL (FAST) FÜR SICH ALLEIN ZU HABEN.

WALDBADEN

»Ein Bad in der Atmosphäre des Waldes nehmen« – das bedeutet Shinrin Yoku übersetzt. Was in Japan seit Jahrzehnten als wirksame Therapiemethode genutzt wird, gewinnt auch bei uns immer mehr an Bedeutung. Zeit, es einmal selbst auszuprobieren, in einem Wald, der wie dafür gemacht ist.

#Achtsamkeit #ichglaubichstehimWald #Meditation #fürBaumumarmer

Wer sich im Wald aufhält, so zeigen Studien, senkt seinen Blutdruck und reduziert Stresshormone. Wissenschaftler fanden außerdem heraus, dass die Anzahl der natürlichen Killerzellen im Körper bereits nach einem zweistündigen Waldspaziergang deutlich erhöht ist. Und diese sind nicht nur wichtig zur Bekämpfung von Viren und Bakterien, sie identifizieren auch Krebszellen und leiten deren Zerstörung ein.

Was unterscheidet nun aber das Waldbaden von einem Waldspaziergang? Katharina Hinze, zertifizierte Kursleiterin von »Waldbaden, Achtsamkeit im Wald« kennt die Antwort. Anhand zahlreicher Achtsamkeits-, Wahrnehmungs- und Atemübungen hilft sie den Teilnehmern, sich selbst und die Natur bewusster wahrzunehmen. Innehalten, Staunen, Ruhe finden und Kraft schöpfen stehen im Fokus ihrer Kurse. Erste Aufgabe an diesem Tag: Das gewohnte Spaziergangstempo rausnehmen. »Man kann sich das vorstellen, als schalte man beim Auto zwei bis drei Gänge runter«, sagt Hinze.

Hin & weg: Parken kann man an der Straße Hinterm Busch in Herford.

Beste Zeit: Frühling, Sommer, Herbst.

Dauer & Strecke: Für die 2,5 km sollte man sich etwa 3 Std. Zeit nehmen.

Ausrüstung: Lieber etwas zu warm als zu kalt anziehen, eine Sitzunterlage, etwas zu trinken, eventuell eine Zwischenmahlzeit, bei Bedarf Insektenschutz. Lesetipp: »Waldbaden. Das Praxisbuch« von Esther Winter; »Die sanfte Medizin des Waldes« von Dr. Qing Li.

Neue Energie tanken: In Japan gibt es Waldbaden sogar auf Rezept.

Am Ufer des Uhlenbachs führt sie Kursteilnehmer zu einer Stelle, die sich perfekt für eine Hörmeditation eignet. Sitzunterlage rausgeholt, auf einem Baumstamm platziert und los geht's: »Das Wichtigste ist, dass man sich an diesem Ort unbeobachtet und wohlfühlt«, rät Hinze. Auch die Sitzposition sollte bequem sein, damit man sie 15 Minuten halten kann. »Es tut gut, bewusst tief ein- und auszuatmen, um an diesem Ort anzukommen«. Dann braucht man nichts mehr zu tun, als die Augen zu schließen und den Geräuschen der Umgebung zu lauschen. Dem Glucksen des Baches, dem Klopfen des Spechtes, den letzten Regentropfen, die von Blatt zu Blatt hinabfallen, dem Wiegen der Wipfel im Wind ... Es fühlt sich an, als tauche man so tief in den Wald ein, dass man selbst ein Teil von ihm wird.

Nach Übungen wie diesen wird schnell deutlich, was Waldbaden von einem herkömmlichen Spaziergang unterscheidet. Doch wie muss der perfekte Wald zum Waldbaden eigentlich aussehen? »Das ist ganz individuell«, erklärt Hinze, wichtig sei, dass man den Wald selbst schön finde. Ideal sei es, wenn es dort noch einen Bach oder ein Gewässer gebe. Denn auch die Anwesenheit von Wasser lässt uns zur Ruhe kommen. Besonders groß müsse das Waldgebiet übrigens nicht sein, denn in drei Stunden würden nur etwa 2,5 Kilometer zurückgelegt. Keinen Zeitdruck zu haben, sei das A und O beim Waldbaden: »Ideal ist es, wenn man so lange verweilen kann, wie man möchte.« Die Expertin empfiehlt außerdem, nicht an einer konkreten Strecke festzuhalten, sondern spontan auf sein Bauchgefühl zu hören. Einfach einen Weg einzuschlagen, der interessant aussieht, einen besonderen Baum zu berühren – das alles biete Raum, um Neugier und Erstaunen wieder zuzulassen. »Es ist sehr schön, diesen Unterschied zu sehen, wie die Leute in den Wald hineingehen und wie sie wieder herauskommen«, sagt Hinze.

Übrigens: Begleitetes Waldbaden wird von Katharina Hinze (www.katharinahinze.de) und an verschiedenen regionalen Volkshochschulen angeboten.

FAZIT: DER NATUR GANZ NAH SEIN; UND DAMIT AUCH SICH SELBST. WALDBADEN IST EINFACH WUNDERBAR!

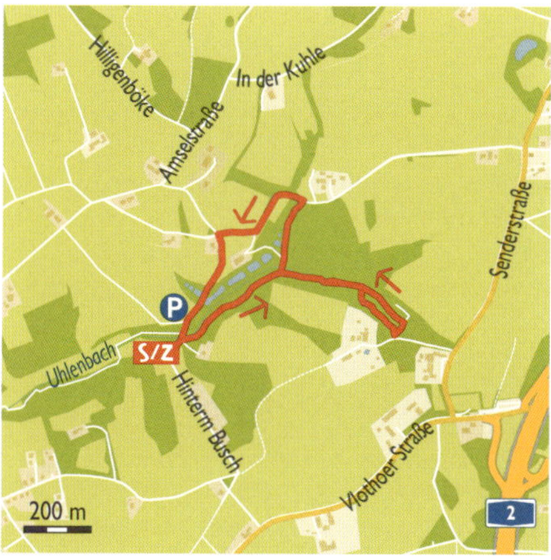

FARBEN SAMMELN

... im Botanischen Garten in Bielefeld

#21

Lust auf ein wenig Indian-Summer-Feeling? Gibt's auch in Ostwestfalen-Lippe. Zum Beispiel im Botanischen Garten in Bielefeld: An kaum einem anderen Ort lässt sich das Herbstleuchten so ausgezeichnet zelebrieren wie hier. Das perfekte Ausflugsziel, um seine Akkus für den langen Winter aufzuladen.

#malwiederKindsein #Herbst #wiefrüher #bunteBlätter #colorupyourlife

→ ABSTECHER ...

Manch einer wird sich vielleicht noch an dieses schöne Kinderbuch erinnern: Es handelt von der Feldmaus Frederick, die lieber Sonnenstrahlen, Farben und Wörter für die kalten Wintertage sammelt, statt Nüsse, Weizen und Stroh. Eine ziemlich gute Idee, eigentlich. Warum nicht mal selbst auf Tour gehen, um es ihr gleich zu tun? Der Botanische Garten in Bielefeld ist dafür besonders gut geeignet, er begrüßt seine Besucher mit einem fulminanten Feuerwerk der Farben. Die meisten Menschen zieht es im Frühling hierher, wenn die Azaleen und Rhododendren um die Wette blühen und der Garten mit seiner Holzbrücke aussieht, als sei er einem Gemälde von Monet entsprungen. Doch auch im Herbst hat er seinen ganz eigenen Charme, denn dann tauchen sich die Blätter des Zierahorns in tiefes Rot, bevor sie sich für immer verabschieden.

Los geht's am Haupteingang, von hier hat man den besten Blick auf das hübsche histori-

sche Fachwerkhaus, das aus dem Jahre 1823 stammt. Linker Hand, nahe dem Bienenhaus, steht ein weiteres Urgestein, das diesem Naturschauspiel von Ende und Neuanfang bereits unzählige Male beigewohnt hat: Der Bergmammutbaum.

Mit seinen etwa 108 Jahren ist er eindeutig der älteste Bewohner des Botanischen Gartens. Am herbstlichen Farbspiel nimmt der immergrüne Nadelbaum zwar nicht teil, trotzdem lohnt es sich, ihm einen Besuch abzustatten, denn er beeindruckt mit einem Stammdurchmesser von etwa 1,70 Metern und 26 Metern Höhe.

Wer am Vormittag kommt, ergattert am ehesten eine freie Bank, um die wärmenden Strahlen der goldenen Oktobersonne zu genießen. Denn dann ist der Botanische Garten – bis auf ein paar fleißige Gärtner – oft vollkommen leer. Mit etwas Glück erwischt man sogar einen Sitzplatz am höchsten Punkt. Von hier eröffnet sich ein toller Weitblick ins gegenüberliegende Tal mit den Häusern Bethels und dem dahinterliegenden Wald, dessen Laub ebenfalls in allerlei Farbtönen leuchtet. Ein Ort, wie dafür gemacht, um den Herbst zu zelebrieren.

Hin & weg: Linie 29 ab Jahnplatz bis Haltestelle Langenhagen.

Beste Zeit: Herbst (Oktober).

Dauer: Bis der Akku voll ist.

Ausrüstung: Ein schöner literarischer Begleiter ist »Frederick« von Leo Lionni.

Ziemlich hübsch anzuschauen: die asiatische Lampionblume.

Vom direkt am Botanischen Garten entlangführenden Wanderweg A1 lässt es sich wunderbar in den Teutoburger Wald eintauchen. Man kann aber auch einfach weiter so dasitzen und Sonnenstrahlen, Farben und Wörter für die kalten Wintertage sammeln. So wie die Maus Frederick halt. Zum Glück ist man nie zu alt, um Kinderbücher zu lesen.

Tipp: Bunte Blätter sammeln und in ein dickes Buch oder eine Blätterpresse legen. In zarten Bilderrahmen drapiert, verschönern sie die Wand. Auch hübsche herbstliche Laternen und Mobiles lassen sich aus ihnen basteln.

FAZIT: DEN HERBST MAL WIEDER SO BEWUSST WAHRNEHMEN, WIE MAN ES FRÜHER GETAN HAT – DA FREUT SICH DAS INNERE KIND.

2. KAPITEL AUSFLÜGE

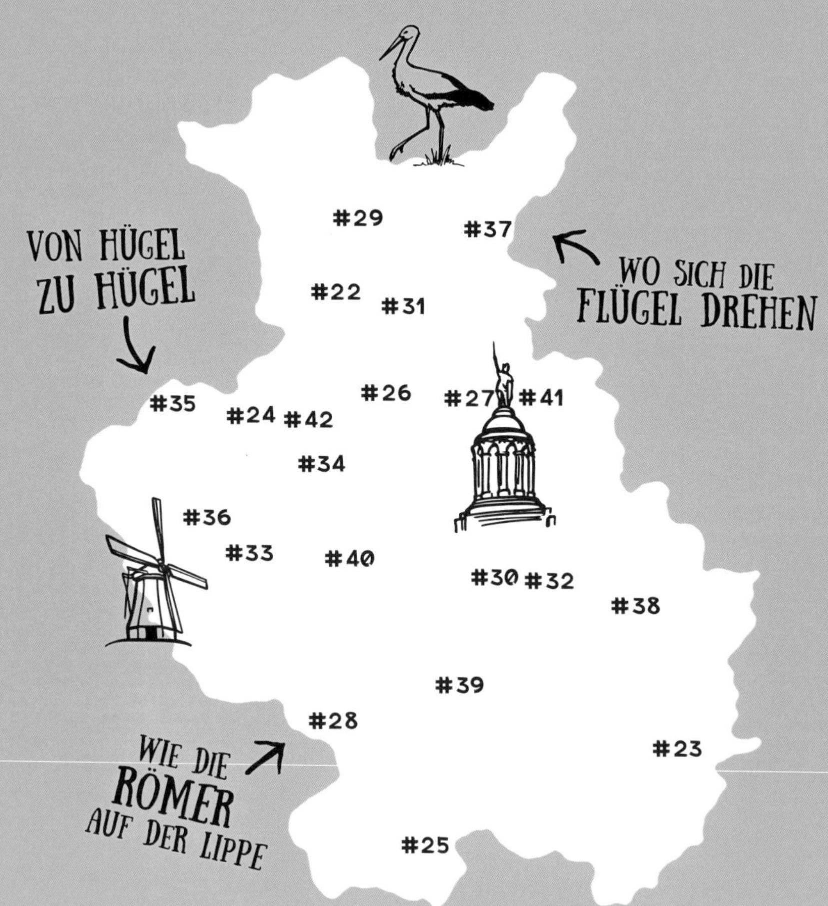

Raus für einen Tag

12H

Einen Tag lang die Nase in den Wind halten. Das geht in schaurigen Mooren, verwunschenen Wäldern und auf kurvigen Flüssen. Also nichts wie rein ins Draußensein.

WILDE WALDKÜCHE

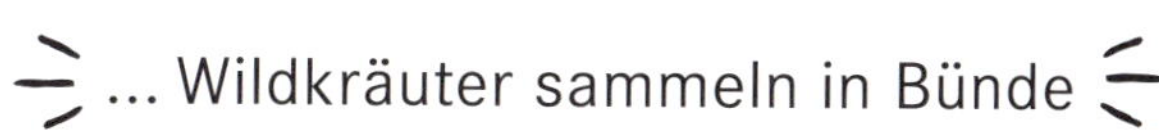

… Wildkräuter sammeln in Bünde

#22

Sie sind saisonal, regional und gesund – Wildkräuter liegen nicht umsonst im Trend. Wer selbst sammelt, sollte sich gut auskennen, denn es gibt giftige Doppelgänger. Besser ist es, mit einer Expertin unterwegs zu sein, so lernt man auch allerlei Neues über die Kräuter und ihre Verwendung in der Küche.

#ziemlichlecker #SchätzederNatur #altesWissenerhalten

Von Giersch, Gundermann, Bärlauch &. Co. haben die meisten sicher schon mal etwas gehört. Wildkräuter wie diese wachsen im Garten, im Wald, auf Wiesen oder am Wegesrand. Sie zu bestimmen gestaltet sich manchmal jedoch gar nicht so einfach, so hat der beliebte Bärlauch beispielsweise gleich zwei giftige Doppelgänger: Maiglöckchen und Herbstzeitlose. Genau hinschauen ist also angesagt. Eine, die auf diesem Gebiet bestens bewandert ist, ist Heilpraktikerin Katharina Hinze. Seit zehn Jahren bietet sie geführte Touren an geeigneten Orten in Ostwestfalen-Lippe an. Auch zur heilsamen Anwendung von Wildkräutern weiß sie viel zu erzählen.

Zu ihren liebsten Sammelstellen zählt das Naherholungsgebiet am Kurhaus Bültermann. Los geht's am Besucherparkplatz – kaum angekommen, lassen sich bereits erste Wildkräuter wie die Knoblauchsrauke entdecken. »In der Nähe von Parkplätzen oder direkt am Wegesrand sollte man allerdings nicht sammeln«, gibt Hinze zu bedenken, »denn da hinterlassen Hunde öfter mal ihre Duftmarken.« Stimmt,

---

Hin & weg: Kostenloser Parkplatz beim Kurhaus Bültermann. Buslinie 541 ab Bünde Bahnhof bis Randringhausen, Wilmsmeier.

Beste Zeit: März bis September.

Dauer & Strecke: Etwa 2,5 Std., circa 4 km. Mit anschließender Kochsession dauert es entsprechend länger.

Ausrüstung: Eine Papiertüte zum Sammeln, Pflanzenbestimmungsbuch.

Raus aus dem Alltag, rein ins Grün: Beim Kräutersammeln vergisst man schnell alles um sich herum.

also weiter den Weg entlang und rein ins Grüne. Hier kann das Kraut mit dem knoblauchartigen, leicht pfeffrigen Geschmack dann gekostet werden. »Knoblauchsrauke passt zum Beispiel ganz toll zu Quark«, erzählt die Expertin. Ein Vorteil ist, dass man nach dem Verzehr keinen unangenehmen Knoblauchgeruch verströmt, denn das Wildkraut zählt nicht zu den Zwiebelgewächsen. Das macht die Knoblauchsrauke zur idealen Alternative, falls am Abend noch eine Verabredung ansteht.

Passen frische Rotbuchenblätter in den Salat? Womit würze ich Kartoffelsuppe? All das und noch viel mehr erfährt man auf der Tour, die durch die abwechslungsreiche Landschaft mit Wiesen, Auwald mit Erlen und einen Rotbuchenwald führt.

Am Ufer des Ostbaches wächst Bitteres Schaumkraut, Blätter und Blüten schmecken kräftig herb und haben eine leicht scharfe Senfnote. Bitteres Schaumkraut passt, ähnlich wie Brunnenkresse, gut zu Suppen, Kartoffeln oder Quark. Auch zur Verfeinerung von Salaten oder als ergänzender Belag auf Sandwiches kann es verwendet werden.

Am Ende des Tages landen Brennnesseln, Bitteres Schaumkraut, Wiesenschaumkraut, Gundermann, Knoblauchsrauke, Giersch, Wiesenlabkraut und Bärlauchblüten auf dem Teller. Wer hätte gedacht, dass sich auf einem gewöhnlichen Weg so viele Wildkräuter sammeln lassen?! Diese köstlichen Schätze der Natur stehen oft direkt vor unserer Haustür, es wäre schade, sie zu verpassen.

Übrigens: Geführte Kräuterwanderungen werden unter anderem von Expertin Katharina Hinze (www.katharinahinze.de) und an vielen Volkshochschulen angeboten. Von ihr stammt auch das folgende Rezept:

Wildkräuter-Quark

1 Päckchen Quark
1 Becher Crème fraîche
1/2 Bund kleingeschnittene Radieschen
1/2 Bund Frühlingszwiebeln
1 Handvoll frische Wildkräuter
Milch je nach Konsistenz
Salz
Pfeffer

FAZIT: WER EINMAL MIT DEM WILDKRÄUTERSAMMELN ANFÄNGT, KOMMT ZIEMLICH SICHER AUF DEN GESCHMACK.

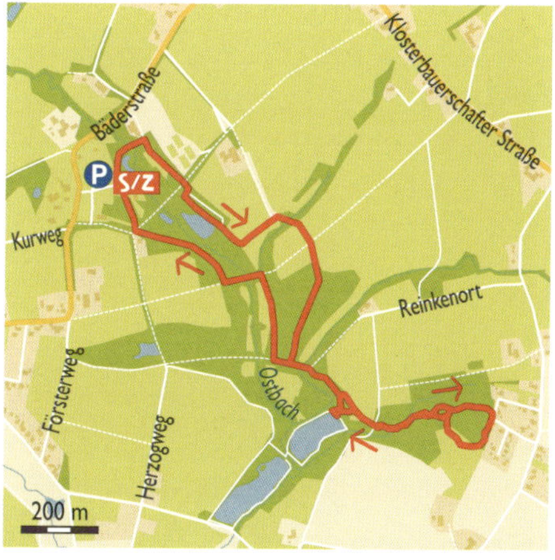

GLÜCK AUF DER ALM

Der Zufall führt einen nicht hierher, man muss den Besuch schon wollen. Aber das lohnt sich. Es gibt keine Autobahn und kaum Industrie, die Bahnstrecke wurde stillgelegt. Die Gegend um Dalhausen im Kreis Höxter ist ein vergessenes Schmuckkästchen, in dem es viel zu entdecken gilt.

#vergesseneDörfer #einsamesParadies #beinaheBergwelt #jwd

Die Ziegen fühlen sich auf den Hängen wie zu Hause.

»Hier ist es überall schön, oder?«, sagt die ältere Dalhauserin stolz in Richtung der beiden jungen Frauen, die sie sofort als Touristinnen erkennt. Sie hat recht. Der Blick über die weite Hügellandschaft des Weserberglandes mit ihren von Hecken durchzogenen Weiden und Feldern ist famos. Wie gemalt wirkt das Panorama, auf das man von Jakobsberg aus schaut.

Beginn dieser Wanderung ist der Bleicheplatz in Dalhausen am Fluss Bever. Es ist der tiefste Punkt der Route, also geht es von hier aus zwangsläufig erst einmal bergauf. Man folgt den Wegweisern »Erlesene Natur« und gelangt zunächst zur Mariengrotte. Danach wird es traumhaft. Ein schmaler Pfad schlängelt sich am Waldrand entlang. Blumen und Gräser wachsen hüfthoch. Zu sehen ist niemand. Die Weiden linker Hand wurden einst als Allmende genutzt und vom Vieh der gesamten Dorfgemeinschaft beweidet. An den Nordhängen grasten vor allem Rinder, auf den trockenen südlicheren die Ziegen. Sie lieferten noch bis in die 60er-Jahre Milch für die Dorfbewohner. Als die Ziegenhaltung aufgegeben wurde, verbuschte der ökologisch wertvolle Kalkmagerrasen, auf dem Orchideen wie Knabenkraut, Thymian und wilder Majoran wachsen. Um diesen Lebensraum zu erhalten, wurde die Ziegenhaltung wiederaufgenommen. Passiert man die hölzernen Gatter, die das Gefühl von Sommerurlaub auf der Alm aufkommen lassen, weiß man: Die Tiere sind nicht mehr fern. Und doch ist die Freude groß, wenn man die Herde erblickt. Wendig springen die Ziegen über die steilen Hänge des Jakobsbergs. Auf ihm steht in 340 Metern Höhe die ursprünglich romanische Pfarrkirche St. Jakobus, die von der Besiedelung des Berges im 12. Jahrhundert zeugt.

Die Route verläuft unterhalb der Dorfes Jakobsberg am Kreuzweg entlang, der liebevoll bepflanzt ist und den Trockenmauern säumen. Zwischen den von der Sonne aufgewärmten Steinen verkriechen sich gern Zauneidechse und Schlingnatter. Der Weg mit dem einzigartigen Panorama führt langsam hinab ins Tal,

---

Hin & Weg: Am besten mit dem Auto bis zum Dalhausener Friedhof. Oder mit dem Bus von Beverungen oder Warburg.

Beste Zeit: Frühling, Sommer und Herbst.

Dauer & Strecke: 5 – 6 Std. mit Picknickpausen und Ziegengucken, 13 km.

Ausrüstung: Proviant, da es keine Einkehrmöglichkeiten gibt, festes Schuhwerk, evtl. Wanderstöcke, Fernglas.

Den Blick über das Weserbergland möchte man ewig genießen.

in dem die Bever fließt. Durch die Siedlung Roggenthal gewinnt er erneut an Höhe und erreicht durch einen Mischwald schließlich die Ziegenweide am Schnegelberg oberhalb von Dalhausen. Dann geht es langsam hinunter und zurück zum Ausgangspunkt der Runde, auf der man hätte noch viel mehr Zeit verbringen können.

Tipp: Viele Landschaftsliegen sind eher unbequem. Auf der, die bald nach dem Kreuzweg am Jakobsberg kommt, lässt es sich aber ewig aushalten und in die sanfte Hügellandschaft schauen.

FAZIT: EIN VERGESSENER LANDSTRICH, DER ES WERT IST, ÖFTER BESUCHT ZU WERDEN. FÜR WANDERER IST DIESE GEGEND EIN ECHTES PARADIES.

VON DER MUSE GEKÜSST

... Radtour entlang des Böckstiegel-Pfads

#24

Kraftvolle, leuchtende Farben, die das harte Leben der Bauern in alten Zeiten zeigen – sie machen die Werke des Malers Böckstiegel aus. Wer sich auf die Spuren des westfälischen van Goghs begibt, lernt auch die hübschen Gässchen von Werther kennen. Vielleicht greift man am Ende gar selbst zum Pinsel.

#Entschleunigung #kreativsein #malen #flow #Kunst

Obwohl der künstlerische Mittelpunkt von Peter August Böckstiegel in Dresden und der dortigen Dresdner Akademie lag, blieb die westfälische Heimat das Leitmotiv seiner Werke: die von Arbeit gezeichneten Menschen in der sie umgebenden bäuerlichen Landschaft mit Erntefeldern und Blumen.

Jede der 17 Stationen des Böckstiegel-Pfads lädt dazu ein, diese Heimat aus den Augen des Künstlers zu sehen. Und da alle Wege der Strecke geteert sind, eignet sie sich perfekt für eine nette Radtour ins Grüne. Los geht's am kleinen Friedhof in Werther, denn hier liegt nicht nur der Künstler selbst, sondern auch seine Familie begraben. Das Grabmal seiner Eltern hat Böckstiegel selbst gestaltet: Ihre bronzenen Porträtköpfe ruhen auf zwei aus Ziegelstein gemauerten Stelen. Gegenüber dem Friedhof befindet sich die ehemalige Volksschule, die Peter August Böckstiegel von 1895–1903 besuchte.

Das ehemalige Wohnhaus von Peter August Böckstiegel kann nur im Rahmen einer Führung besichtigt werden.

Der Weg führt weiter in das Zentrum der Stadt Werther hinein. Um den Charme der engen, kleinen Gässchen mit ihren Fachwerkhäusern gebührend zu genießen, empfiehlt es sich, das Rad auf diesem Stück zu schieben. In der Schlossstraße begegnet einem der »Bauernjunge von Arrode« – eine Bronzeplastik, die gleichzeitig auch an die Repressalien erinnert, die der Expressionist nach der Machtübernahme der Nationalsozialisten erlitt.

Ab hier wird die Umgebung langsam ländlicher. Von Sonnenblumen gesäumte Felder leuchten golden in der Herbstsonne, am Horizont stehen alte Höfe mit Efeu umrankt, knorrige Apfelbäume präsentieren ihre verführerisch roten Früchte. Kein Wunder, dass diese Kulisse den Künstler zum Kreativsein inspirierte. Noch heute können Böckstiegels Motive in der Landschaft wiederentdeckt werden. Hier und da wirkt es, als sei die Zeit einfach stehen geblieben.

In Arrode wartet auf der linken Seite das Highlight des Pfades – das rote Peter-August-Böckstiegel-Haus, in dem der Künstler 1889 geboren wurde. Nach Ende des Zweiten Weltkriegs zog Böckstiegel zurück in die Heimat

---

Hin & weg: Mit den Buslinien 21 und 62. Start ist der Friedhof in Werther.

Beste Zeit: Frühling, Sommer, Herbst.

Dauer & Strecke: 1 Std., 10 km (hin- und zurück). Mit Lesen der Infotafeln, Museumsbesuch und Kreativsein ein Tagesausflug.

Ausrüstung: Gegebenenfalls Stifte, Malutensilien und eine Decke.

Ohne Erwartungsdruck kann Malen fast etwas Meditatives haben.

und gestaltete sein Elternhaus mit farbenfrohen Schnitzereien, Mosaiken und Plastiken zu einem eindrucksvollen Gesamtkunstwerk mit Atelier um. In diesem lebte und arbeitete er bis zu seinem Tode. Neben dem Haus befinden sich heute das moderne Böckstiegel-Museum und das Café Vincent – benannt nach Böckstiegels Sohn. Ein Stopp lohnt sich also gleich dreifach.

Die letzte Station des Böckstiegel-Pfads ist die Wassermühle in Deppendorf. Der Künstler wählte sie damals mehrfach als Motiv für seine Bilder. Heute stehen vor der renovierten Mühle bunte Holzbänke und -tische zur Rast bereit. Wer sich durch all die Eindrücke und die malerische Landschaft inspiriert fühlt, kann auch ganz spontan selbst an einer der Kulissen von Böckstiegels Bildern kreativ werden. Es muss ja nicht gleich ein Meisterwerk dabei herauskommen.

FAZIT: EINE EINDRUCKSVOLLE REISE IN DIE VERGANGENHEIT, DIE SOFORT LUST AUF MEHR MACHT!

DEM WASSER NACH

… rund um Bad Wünnenberg

#25

Warum ist man eigentlich nicht früher schon hergekommen? Das fragt sich der Wanderer unweigerlich, wenn er unter alten Obstbäumen, auf schattigen Waldwegen und durchs hüfthohe Gras über Feldwege spaziert. Der Fünf-Bäche-Weg hat einfach alles, was eine abwechslungsreiche Tour braucht.

#Kuhkontakt #frischmitKneipp #kleineAttraktionen #vonwegenlangweilig

Auf diesem Wanderweg entfaltet selbst eine verfallene Scheune einen besonderen Reiz.

Kaum hat man Bad Wünnenberg hinter sich gelassen, erreicht man schon die erste kleine Attraktion. Eine Kneippanlage mitten zwischen Kuhweiden. Zwar liegen erst wenige Meter Weg hinter einem, aber dem kühlen Nass kann kaum jemand widerstehen. Also Hosenbeine und Ärmel hochgekrempelt und Gliedmaßen rein in die Becken. Im besten Fall schauen nur ein paar Rinder zu. Die stehen immer wieder schwarz-weiß gefleckt im Gras und blicken den Zweibeinern hinterher. Einige Trecker brausen über die Landstraßen und Äcker, sonst begegnet man kaum einer Menschenseele auf dem Fünf-Bäche-Weg.

Der Name der Route, die an der Volksbank in der Straße Im Aatal in Bad Wünnenberg beginnt, bezieht sich auf die Flüsschen Aabach, Murmeke, Lühlingsbach, Nette und Golmeke, die sich durch die Täler winden. Die Strecke ist eindeutig ausgeschildert und weist einem zunächst den Weg entlang an Stoppelfeldern, verfallenen Scheunen und über Feldwege.

Nach etwa fünf Kilometern gelangt man schließlich an den Waldrand, wo sich ein alter Pestfriedhof befindet. Er ist auf jeden Fall einen Abstecher wert. Hier liegt fast ein ganzes Dorf begraben. Um 1635 wütete die Pest nämlich im nahegelegenen Leiberg und verschonte nur wenige Einwohner.

Über geschotterte Waldwege und im Schatten geht es weiter. Dann gilt es eine kurze Anhöhe in der prallen Sonne zu bewältigen, um Bleiwäsche zu erreichen. Wie ausgestorben liegt der Ort, der an das Sauerland grenzt, in der Mittagshitze da. Tatsächlich wurde hier ein-

---

Hin & weg: Am besten geht es mit dem Auto. Über die A 44 ist man in Nullkommanix in Bad Wünnenberg. Los geht es an der Volksbank in der Straße Im Aatal.

Beste Zeit: Frühling, Sommer, Herbst.

Dauer & Strecke: Die 23,5 km lassen sich ohne Pausen in etwa 6 Std. absolvieren. Ausgedehnte Pausen machen aus dem Unterfangen eine Tagestour.

Ausrüstung: Evtl. Handtuch für das Kneippbecken und unbedingt Proviant, denn es gibt auf der Strecke lange weder Einkehrmöglichkeiten noch Geschäfte.

Die Aabachtalsperre an der Grenze zum Sauerland dient als Trinkwasserreservoir.

mal Blei abgebaut, was den Namen erklärt. Von Bleiwäsche aus wird das nächste schöne Ziel angesteuert: die Aabachtalsperre.

Ein Waldweg verläuft oberhalb des Ufers am See. Da dieser zur Trinkwassergewinnung genutzt wird, sind dort keine Hunde erlaubt. Sie und ihre Herrchen oder Frauchen müssen über eine ausgeschilderte Alternativroute. Sogar das Ende dieser Wanderung ist ausgesprochen reizvoll und hat viel zu bieten. Über das Tiergehege im Aatal, einen Barfußpfad (Eskapade #9) und den Kurpark geht es wieder zurück zum Ausgangspunkt.

FAZIT: DAS TOLLE AN DIESER STRECKE SIND DIE VIELEN KLEINEN BESONDERHEITEN, DIE EINEM QUASI VOR DIE FÜßE FALLEN. ALSO AUGEN AUF UND LOS!

AUF SCHATZ-SUCHE

… Geocaching im Kreis Lippe

#26

Spaß und Spannung – das verspricht die moderne Schnitzeljagd mit GPS und geografischen Koordinaten. Beim Rätseln und Suchen wird jeder zum Detektiv in geheimer Mission. Im Kreis Lippe geht's mit dem Rad auf Schatzsuche, nur so viel sei verraten: Es liegen allerlei Sehenswürdigkeiten auf der Route.

#Schatzsuche #Abenteuer #BahnRadeln #dickeWaden #Rätselspaß

Profis erkennt man am GPS-Gerät. Ein Smartphone mit App tut's aber auch.

Weltweit gibt es bereits fünf Millionen Menschen, die es regelmäßig tun, und es werden immer mehr. Selbst »Spaziergangs-Muffel« werden durchs Geocaching ganz schnell zu Outdoor-Fans, schließlich lässt sich das Umfeld bei diesem Hobby ganz neu entdecken: Nicht alle Vogelhäuser, Äste und Pilze im Wald sind wirklich das, was sie scheinen. Und manch ein Baumstamm ist von innen hohl und wurde mit einer gefüllten Dose ausgestattet. Als Geocacher sieht man die Welt auf einmal mit anderen Augen – sie wird zu einem riesigen Spielplatz mit viel Raum für Fantasie. »Undercover« zu agieren ist oberstes Gesetz beim Geocaching: Zu groß wäre die Gefahr, dass Fremde die oft liebevoll gebastelten Rätsel- oder Finalstationen, die zum Spiel gehören, zerstören. Übrigens: Wer bei der »Schatzsuche« auf Reichtum aus ist, wird enttäuscht sein. Denn die Dosen, die man am Ende der Rallye findet, enthalten kleine nette Tauschgegenstände wie Spielzeugfiguren oder Ähnliches.

Beim Geocachen gilt es Rätsel zu lösen, um zur jeweils nächsten Station zu gelangen. Zahlen müssen gefunden und gemerkt, es soll gerechnet und gepeilt werden. Im Internet gibt's Hilfe und auch vor Ort findet man Antworten auf viele Fragen und lernt – ganz nebenbei – oft viel über die Heimatregion. Erst zum Schluss wird eine Dose gesucht und

(hoffentlich) gefunden. In dieser befindet sich meist ein sogenanntes Logbuch, in dem man sich als Finder mit Uhrzeit und Datum eintragen kann. Warum eine Region nicht mal auf ungewöhnliche Weise (neu) entdecken? Der Geocache »Ziegel, Zahlen, Zeiger« im Kreis Lippe macht's möglich. Seine fünf Stationen liegen auf einer Gesamtstrecke von etwa 27 Kilometern, Start und Finale sind gut mit der Bahn zu erreichen. Die Stationen führen zu Sehenswürdigkeiten, die teilweise Aktivitäten für mindestens einen halben Tag bieten können. Der Tagesausflug lässt sich also leicht zu einem Mini-Urlaub umfunktionieren, wenn man möchte.

Los geht's am Umweltzentrum Heerser Mühle (www.heerser-muehle.de), an der Startkoordinate. Bereits hier würde man am liebsten länger verweilen, denn es lockt ein hübsches Café mit hellblauen Fensterläden und ein 30 Hektar großes, wunderschön und abwechslungsreich gestaltetes Gelände mit Gärten, Anlagen und

---

Hin & weg: Mit der RB 72 zum Bahnhof Schötmar, dann geht's per Rad zur Startkoordinate. Die gibt's unter www.bahnradrouten.de > Hellweg-Weser > Service > Geocache oder (für bereits passionierte Geocacher) unter www.geocaching.com/geocache/GC6ZYAV

Beste Zeit: Frühling, Sommer, Herbst.

Dauer: 1 Tag. Es können aber auch 3 Tage werden, je nachdem, wie viel Zeit man sich für die einzelnen Sehenswürdigkeiten nehmen möchte.

Ausrüstung: GPS-Gerät, ein Smartphone mit einer GPS-App tut es aber auch. Stift & Block zum Notizenmachen. Evtl. Proviant, an manchen Stationen gibt es eine Einkehr- oder Einkaufsmöglichkeit in der Nähe.

Richtig rechnen lohnt sich, sonst landet man schnell an den falschen Koordinaten.

einem großen naturnahen Spielbereich. Auf der weiteren Route säumen u.a. blühende Rapsfelder, alte Bauernhäuser, grasende Pferde und knorrige Kopfweiden den Wegesrand. Jede Sehenswürdigkeit an den Stationen überrascht auf ihre Weise, doch mehr wird an dieser Stelle natürlich nicht verraten.

Übrigens: Die offizielle Website fürs Geocaching ist www.geocaching.com, dort sind über 3 Millionen Geocaches in über 190 Ländern gelistet.

FAZIT: GEOCACHEN IST DAS IDEALE OUTDOOR-HOBBY FÜR DIE GANZE FAMILIE. IM TEAM MACHT'S AM MEISTEN SPAß, SCHLIEßLICH HAT JEDER SEINE STÄRKEN.

09
97

MIT FAHRRAD UND FÄHRE

… durchs hügelige Kalletal bis an die Weser

#27

Leuten mit Sportsgeist und/oder einem E-Bike bereitet diese Radtour pures Vergnügen. Hat man sich erst einmal auf ein bestimmtes Hügelniveau hochgekämpft, ist der Rest sowieso ein Klacks. Außerdem kann man sich auf etwas Außergewöhnliches freuen: das Überqueren der Weser auf einer kleinen Fähre.

#Schwitzenlohnt #aufeinsamenWegen #Weserfähre #imFahrtwind

Die Bentorfer Windmühle ist ein idealer Ort für eine Pause.

Endspurt! Noch ein letztes Mal steigt die Straße hinter dem kleinen Ort Talle ordentlich an. Zum Glück spendet ein Wäldchen den Radelnden Schatten. Dann sind die ersten zwölf Kilometer der Tour geschafft, und damit über 200 Höhenmeter. Jeder Schweißtropfen, der bis dahin vergossen wurde, hat sich gelohnt. Sagenhaft sind die Ausblicke über die weite Hügellandschaft des dünn besiedelten Kalletals, das einem still und friedlich zu Füßen liegt. Tatsächlich ist es seit dem Start in der alten Hansestadt Lemgo mit jedem Kilometer ruhiger geworden. Zunächst folgt der Radweg noch der relativ gut frequentierten Straße nach Entrup, dann nach Matorf. Über Kirchheide gelangt man schließlich zum besagten höchsten Punkt der Route, der 264 Meter über dem Meeresspiegel liegt. Von hier aus geht es ab jetzt fast nur noch bergab, immer in Richtung der Weser. Nach der Anstrengung hat man sich die Abfahrt verdient. Fast übermütig saust man über Straßen und Feldwege durch einsame Landschaften, in denen es kaum Verkehr und noch weniger Industrie gibt. Allein der Fahrtwind rauscht in den Ohren.

Hin & weg: Vom Bahnhof in Lemgo radelt man einmal durch die Innenstadt und los geht's über Land. Ziel ist der Bahnhof in Vlotho.

Beste Zeit: Frühling, Sommer und Herbst.

Dauer & Strecke: 2,5-3 Std. ist die Zeit, in der sportliche Fahrer die 40 km bewältigen. Wer gemütlicher fährt, die Landschaft genießt und öfter mal eine Pause einlegt, ist ca. 5 Std. unterwegs.

Ausrüstung: Reichlich Wasser und Proviant, da es kaum Gaststätten gibt, sportliches Fahrrad (evtl. mit E-Antrieb).

Kurz vor Vlotho noch ein letzter Blick über die Weser in Richtung Minden.

Wenn Harkemissen und Bentorf hinter einem liegen, befindet sich rechts der Strecke die Windmühle Bentorf. Sie wurde 1889 erbaut und bis 1988 als Getreidemühle betrieben. Hinter einem hölzernen Staketenzaun laufen Hühner und Puten. Sogar einen zum Picknicktisch umfunktionierten Mühlstein gibt es. Ein idealer Ort für eine ausgedehnte Pause.

Ab Erder verläuft die Route entlang der Weser auf einem gut befahrbaren Schotterweg. Es geht durch kleine Wäldchen und vorbei am Weserrenaissance-Schloss Varenholz. Und dann endlich erreicht man sie: die Hochseilfähre am Anleger Varenholz. Unmotorisiert, angetrieben allein durch die Strömung, bringt sie Radfahrer und Wanderer ans andere Ufer nach Veltheim. Eine willkommene und besondere Unterbrechung vom Strampeln und gemütlich obendrein. Auf der anderen Seite verläuft der offizielle Weserradweg. Auf der ebenen Strecke fliegt man förmlich dahin und erreicht schließlich den Bahnhof in Vlotho.

Tipp: Die Fähre in Varenholz verkehrt von April bis Oktober immer am Wochenende sowie an Feier- und Brückentagen. Nähere Infos zu den Betriebszeiten gibt's auf der Website www.kalletal.de in der Rubrik Tourismus unter »Wandern & Radfahren«.

FAZIT: OHNE FLEIß KEIN PREIS – SO LAUTET DIE DEVISE AUF DEN ERSTEN ZWÖLF KILOMETERN. BELOHNT WERDEN RADELNDE MIT VIELEN HERRLICHEN ABFAHRTEN, SAGENHAFTEN AUSBLICKEN UND DER WESER.

DEPPE

PADDELN UNTER PAPPELN

… über die Lippe von Rebbeke nach Lippstadt

#28

Schon die Römer nutzten die Lippe als Transportweg. Zeitweise verkehrten auf dem begradigten Fluss sogar Schiffe. Wenn man die kurvige Wildnis heute per Kanu erkundet, ist das eigentlich kaum noch zu glauben.

#imRhythmus #neuePerspektiven #nahamWasser #paradiesisch

Wenn Schwäne wütend werden, kann das für Wassersportler schon mal unangenehm werden.

Aufgeregt und eindringlich winkt der Mann am Ufer mit den Armen und ruft den Kanuten Ratschläge und Anweisungen zu. Bis zu diesem Wildwasserabschnitt in Esbeck, einer umgebauten Schleusenanlage, verlief die Tour recht meditativ. Jetzt sind die Kanuten gefordert. Um kein Bad im kalten Wasser zu nehmen, muss konzentriert gesteuert und gepaddelt werden. Das Boot nimmt deutlich an Fahrt auf, aber auf den Einweiser am Ufer ist Verlass. Gemeinsam mit ihm manövriert man das Boot sicher durch durchs Wildwasser.

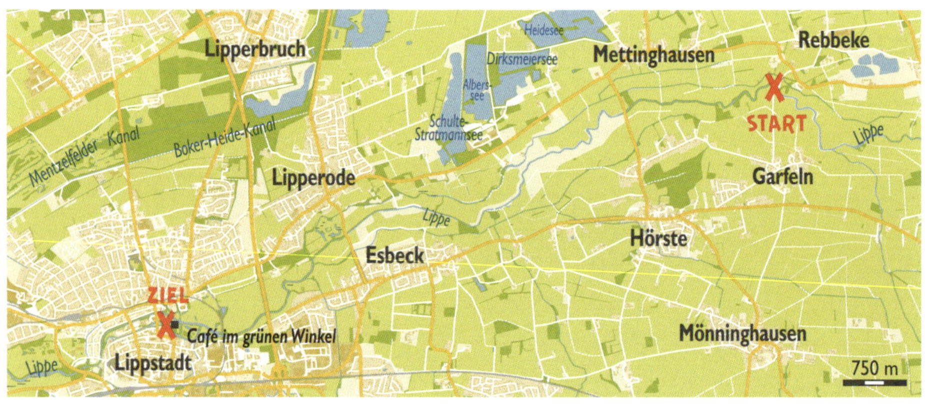

Der Reiz am Kanufahren auf der Lippe liegt im richtigen Maß von viel Entspannung und ein bisschen Aufregung. Die Fahrt beginnt in Rebbeke, einem Stadtteil von Lippstadt. Von hier aus fließt die Lippe recht kurvig bis nach Lippstadt. Am Rand des Flusses wachsen Binsen, Pappeln, und Weiden lassen ihre Zweige ins Wasser hängen. Nachdem der Rest der Kanugruppe hinter einer Biegung verschwunden ist, paddeln allein ein paar Enten und Blässhühner mit. Dann tauchen die ersten Schwäne auf. Die sollten großzügig umfahren werden, da sie – vor allem wenn sie Junge haben – wütend werden können.

Das Happy End der Kanutour.

In weiten Teilen ist die Strecke so idyllisch, dass Paddler meinen könnten, es handele sich um unberührte Natur. Doch das täuscht. Im Mittelalter wurde die Lippe gestaut, um Mühlen anzutreiben. Viele Jahrhunderte später griff man noch tiefer in das Wesen des Flusses ein und begradigte ihn, damit Schiffe auf ihm fahren konnten. Schnurgrade und zwischen befestigten Ufern floss die Lippe da durch die Wiesen. Mittlerweile wurde sie größtenteils renaturiert. Auch in trockenen Sommern führt der Fluss so viel Wasser, dass das Kanufahren bei Lippstadt immer möglich ist. Auf dem tiefliegenden Gewässer verschwimmen Raum und Zeit. Dann und wann schaut eine Kuh durch das hohe Gras am Ufer, ansonsten lässt sich nur vermuten, dass man wohl gerade durch Wiesen und Felder paddelt. Für alle, die sich Zeit lassen, ist Kanufahren Meditation. Und so schippert es sich schließlich ganz tiefenentspannt durch den Auenpark in Lippstadt und zum Ausstieg am Kiskerwehr.

Tipp: Eine wohl verdiente Stärkung wartet im Café im grünen Winkel. Es liegt nur wenige Meter vom Kanu-Ausstieg entfernt direkt an der Lippe.

FAZIT: MIT VIEL ZEIT IST DIESE KANUTOUR PURE MEDITATION.

Hin & weg: Der Transport im Rahmen der Tour Rebbeke–Lippstadt wird von Kanu Deppe organisiert (www.kanutouren-deppe.de). Das Unternehmen hat mehrere Touren im Angebot.

Beste Zeit: Frühling und Sommer.

Dauer & Strecke: 2,5–3 Std. für 10,5 km. Mit Einweisung und einer Einkehr in Lippstadt ist man ca. einen halben Tag unterwegs.

Ausrüstung: Bequeme Freizeitkleidung, ein Handtuch und etwas zum Wechseln, falls man nass wird.

DEM MOOR SO NAH

... Naturerlebnisse in Lübbecke

#29

Auszeit dringend benötigt? Im Hiller Moor verfliegt der Alltagsstress im Nu, denn die Naturkulisse ist einfach spektakulär. Wer es erkundet, erfährt ganz nebenbei allerlei rund ums »schwarze Gold« und seine Heilkräfte. Übrigens: Schmutzigmachen ist bei dieser Runde ausdrücklich erlaubt!

#Moorbad #Matschspaß #Hille #Auszeit #schmutzigmachenerlaubt

Per Audio-Guide kann man noch tiefer in die Tier- und Pflanzenwelt eintauchen: Die App »Lauschtour« liefert spannende Infos und Sounds rund ums Hiller Moor.

Startpunkt ist das NABU-Besucherzentrum Moorhus in Lübbecke. Kaum ist man am Großen Torfmoor angekommen, zieht es einen auch schon in seinen Bann. Da sind die gelb leuchtenden Gräser, die einen wunderbaren Kontrast zum düster-dunklen Moorboden bilden, da sind die geisterhaft gewachsenen Birken, die aussehen, als würden sie im Wasser versinken, und es gibt wunderschöne Holzstege bis zum Horizont.

Das Naturschutzgebiet Großes Torfmoor liegt zwischen Hille und Lübbecke und ist 550 Hektar groß. Nicht nur wegen seiner Größe, sondern auch wegen seiner Tier- und Pflanzenwelt ist es eines der bedeutendsten Hochmoore Nordrhein-Westfalens. Mit etwas Glück können Besucher hier unter anderem seltene Vögel wie Wiesenpieper, Schafstelze, Bekassine, den Großen Brachvogel und Störche entdecken. Unterwegs bieten Beobachtungs-

Schon gewusst? Man kann im Moor zwar einsinken, jedoch nicht untergehen.

türme einen Ausblick auf die romantisch-wilde Landschaft aus Moortümpeln, offenen Gewässern, Wollgras- und Heideflächen. Von hier aus schweift der Blick bis zu den Höhen des Wiehengebirges.

Kurz vor der Moormatschkuhle kreuzt der Weg den Moor-Erlebnispfad - einen drei Kilometer langen Rundkurs, der anhand von acht Stationen mit Schautafeln über ökologische Zusammenhänge sowie über Pflanzen und Tiere im Moor informiert. Auch auf den Einfluss des Menschen auf das Ökosystem wird eingegangen, schließlich hat die künstliche Entwässerung für den Torfabbau in der Vergangenheit beinahe dazu geführt, dass das Moor für immer verschwunden wäre. Und damit auch der Lebensraum vieler Tiere und Pflanzen.

Die Schautafeln informieren über die Nutzung des Moores als Naturheilmittel. In der Medizin wird die Heilkraft des »schwarzen Goldes« bis heute geschätzt und unter anderem bei Rheuma, Verspannungen und chronischen Schmerzen genutzt.

Wer auf den Geschmack gekommen ist, hat auf etwa der Hälfte der Strecke die Gelegenheit, ein Mini-Moorbad in der Moormatschkuhle zu nehmen. Ob man hier wohl auch richtig versinken könnte? Nicht, dass man am Ende gar als Moorleiche endet ...

Die Hand am Geländer gibt Sicherheit. Kühl und glitschig fühlt sich der Matsch an, bei sommerlichen Temperaturen aber auch irgendwie erfrischend. Sobald man etwas länger an einer Stelle verweilt, fällt es gar nicht so leicht, die Beine aus der braunen Versenkung wieder herauszubekommen.

Hin & weg: Kostenlose Parkplätze gibt's am NABU-Besucherzentrum Moorhus in Lübbecke.

Beste Zeit: Jede Jahres- und Tageszeit hat ihren Reiz. Am Wochenende kann es voll werden. Besonders fotogen ist die Landschaft auch zur Wollgras- oder Heideblüte.

Dauer: Tagestour (reine Gehzeit 2 bis 3 Std., etwa 8,5 km).

Ausrüstung: Proviant, ein kleines Handtuch, feste Schuhe, Fernglas, Insektenspray (Mücken, Bremsen und andere Insekten können in den Sommermonaten lästig werden), ggf. passendes Foto-Equipment für Astrofotografie.

Wünsch dir was: Einfach so dazusitzen und in den Himmel zu schauen, ist herrlich entschleunigend.

Für sockentaugliche Füße nach dem Mini-Moorbad sorgt die historische Wasserpumpe. Man muss schon etwas Kraft aufbringen, denn viel kommt nicht raus, aber es langt. Füße mit einem Handtuch trockengerubbelt und weiter geht's.

Wer genug Zeit mitgebracht hat, wartet nach der Runde noch, bis es dunkel wird. Nicht nur der Sonnenuntergang bietet tolle Fotomotive, auch der Sternenhimmel kann sich sehen lassen. Ganz besonders um den 13. August herum: Wenn der Perseidenschauer seinen Höhepunkt hat, funkeln die Sternschnuppen im Sekundentakt am Firmament.

FAZIT: WEITLÄUFIG, AUSSICHTSREICH UND UNGLAUBLICH ENTSCHLEUNIGEND. EIN AUSFLUG INS GROßE TORFMOOR IST GENAU DAS RICHTIGE, UM AUF ANDERE GEDANKEN ZU KOMMEN.

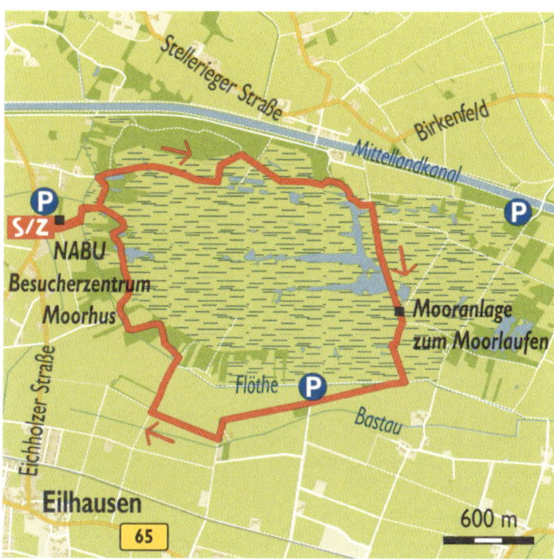

ALTES NEU SEHEN

… mit dem Mountainbike um die Externsteine

Es macht einen Unterschied, WIE man Sehenswürdigkeiten besucht. Die Externsteine sind für viele möglicherweise ein alter Hut, aber wer sie und die schöne Gegend rundherum mit dem Mountainbike erkundet, wird die Steine mit anderen Augen sehen.

#Altesneusehen #überSchotterpisten #MTB #mitNervenkitzel

Kurze Pause nach dem steilen Anstieg zur Falkenburg.

Immer gleichmäßig treten, nicht nachlassen. Langsam rollen die dicken Räder des Mountainbikes den Schotterweg hinauf zur 369 Meter hohen Bergkuppe, auf der die Ruine Falkenburg liegt. Mountainbike-Anfänger, die hier nicht schieben, können stolz auf sich sein, denn auf den letzten Metern zum Ziel ist es sportlich steil. Doch die Anstrengung zahlt sich aus. Von hier oben sieht man bis zum Hermannsdenkmal und noch weiter.

Der Parkplatz Hermannsweg an der Altenbekener Straße in Horn-Bad Meinberg ist der Ausgangspunkt für diese Runde. Schon nach knapp einem Kilometer tauchen unvermittelt hinter einer Wegbiegung die Externsteine auf. Egal, wie oft man die bizarre Felsformation schon gesehen hat, sie entfaltet jedes Mal eine besondere Wirkung. Vor allem, wenn man nicht einfach das Auto am zugehörigen Parkplatz abstellt und einige Meter hinspaziert, sondern wenn die Steine nach einer Tour durch den Wald plötzlich auftauchen. In ihrer ansonsten »steinfreien« Umgebung wirken die Felsen aus Osning-Sandstein majestätisch und dabei etwas deplatziert. »Dieser Ort ist einfach abgefahren«, sagt der Mountainbike-Guide Pascal, der die Gegend wie seine Westentasche kennt. Von ihm stammt auch der Tipp, sich unbedingt die besagte Ruine Falkenburg anzuschauen. Sie liegt nur etwa drei Kilometer entfernt von den Externsteinen. Bis

Pascal Wosnitza von TeutoTrail organisiert Touren für Anfänger und Fortgeschrittene.

zur Mitte des 16. Jahrhunderts regierten die lippischen Landesherren von hier aus ihr Territorium. Doch genug davon, weiter geht es. Den Berg hinabsausen, links abbiegen und schon hat der Wald einen wieder. Meistens rollt man über breite Wege, die auch für MTB-Anfänger gut zu meistern sind. Ganz deutlich zeigt diese Tour jedoch auch die Schäden, die der Borkenkäfer und die Trockenheit im Wald angerichtet haben. An vielen Stellen mussten weiträumig die Fichten gerodet werden. Von dem Licht, das jetzt auf den Boden fällt, profitiert der große Fingerhut, der sich überall aufgeschlagen hat und pink blüht.

Nach der Überquerung der Paderborner Straße gelangt man bald an eine Spitzkehre, die fast genau auf halber Strecke liegt. Hier beginnt also der letzte Teil der Rundtour. Der führt unter anderem über den Alten Postweg. Ihn verlässt man jedoch bald, um nach links in einen zugewachsenen Pfad mit tollem Panorama abzubiegen. Mit einem geländegängigen Rad ist der Weg das pure Vergnügen. Am Hucksberg und Stiensberg vorbei erreicht man wieder die Externsteine.

Hin & weg: Start und Ziel ist der Parkplatz Hermannsweg an der Altenbekener Straße in Horn-Bad Meinberg.

Beste Zeit: Frühling, Sommer und Herbst.

Dauer & Strecke: Die reine Fahrzeit für die 22,5 km beträgt ca. 2 Std. Mit einer Besichtigung und Besteigung der Externsteine und einer Rast auf der Falkenburg ist man gut einen halben Tag beschäftigt.

Ausrüstung: Wasser und evtl. Müsliriegel. Wer weder Rad- noch Mountainbike-Erfahrung hat, kann sich den Jungs von TeutoTrail (www.teutotrail.de) anvertrauen. Sie organisieren Touren durch den Teutoburger Wald und geben Anfängerkurse.

Zum Abschluss dieser Tour unbedingt noch einen Abstecher auf den kleinen Pfad direkt am Wiembecketeich machen. Die Besonderheit: Hier spiegeln sich die Felsen auf der Wasseroberfläche. Wieder eine neue Perspektive auf die alten Steine.

FAZIT: DIESE MOUNTAINBIKE-TOUR IST ETWAS ANDERES ALS DIE KAFFEEFAHRT ZU DEN EXTERNSTEINEN. UNBEDINGT AUSPROBIEREN!

paddelbrett
STAND UP & EXPLORE

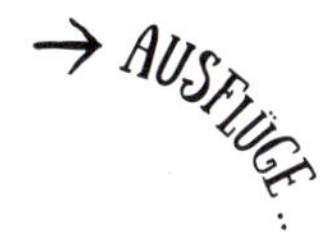

ÜBER DEN WOLKEN

... SUP-Tour auf der Werre

#31

Zum Feierabend entspannt eine Runde übers Wasser gleiten? Das geht am besten auf dem Brett. Wenn sich dann noch die Wolken auf dem Wasser spiegeln, fühlt man sich dem Himmel ganz nah. Einzige Frage, die nach so einem SUP-Kurs bleibt: Warum habe ich das bloß nicht schon viel eher ausprobiert?

#raufaufsBrett #Sommerfeeling #Mikroabenteuer #ganzschönchillig

Sie schlängelt sich durch unzählige grüne, hügelige Wald- und Wiesenlandschaften, bis sie etwa 72 Kilometer später in Bad Oeynhausen in die Weser mündet. Es gibt viele Gründe, die Werre einmal genauer zu erkunden. Besonders entspannt geht das vom Brett aus. Wer es noch nie probiert hat, bucht sich am besten einen Stand-up-Paddel-Kurs. Sicher ist sicher und in der Gruppe macht's auch einfach am meisten Spaß.

Am Treffpunkt angekommen, erklärt SUP-Experte Christoph Krahe, woran man ein gutes Board erkennt. Dann geht's an die Feinheiten: An welchem Fuß befestigt man die Leashe? Was hat es mit der Finne auf sich? Wie hält man das Paddel und wie kommt man überhaupt rauf aufs Brett?

Gestartet wird im Sitzen, um erst mal ein Gefühl fürs Brett zu bekommen. Zum Glück ist es weitaus weniger wacklig, als es aussieht. Und auch das Wasser der Werre erscheint beruhigend glatt. Anders als beim Windsurfen sind die Basics schnell gelernt. Es dauert nicht lan-

---

Hin & weg: Einen Parkplatz gibt's an den Sielterrassen in Bad Oeynhausen. Am gegenüberliegenden Ufer befindet sich der Kanu-Verein Bad Oeynhausen (www.kanuverein-badoeynhausen.de), ablegen darf man dort allerdings nur mit Genehmigung.

Beste Zeit: Ende April bis Ende September

Dauer: 2–4 Std., je nach Tour, Lust und Laune.

Ausrüstung: Passendes Equipment, ein wasserfestes Handycase. Stand-up-Paddel-Kurse kann man zum Beispiel bei Paddelbrett buchen (www.paddelbrett.de).

Es lohnt sich, einen Anfängerkurs zu belegen. So lernt man auch die wichtigsten Verkehrsregeln auf dem Wasser kennen.

ge, bis man sich sicher genug fühlt, um aufzustehen. Alles ist ausbalanciert, das Paddel eingetaucht, durchgezogen. Und schon gleitet man in der Abenddämmerung über den dunklen Fluss, auf dessen Oberfläche sich der Himmel spiegelt. Es scheint, als würde man über die Wolken schweben. Wow, wie schön ist das denn bitte?!

Weiter geht es Richtung Löhne. Trauerweiden und hübsche Tiny Houses säumen das Ufer, welch ein Glück muss es sein, hier zu wohnen. Ob man sie wohl mal für einen Mini-Urlaub mieten kann? Leider nicht, wie Christoph erzählt, denn sie befinden sich in Privatbesitz. Doch was nicht ist, kann ja noch werden ...

Da beim Stand-up-Paddeln nicht allzu viel beachtet werden muss, bleibt Raum für Naturbeobachtungen. Zum Beispiel für die Sichtung eines Waschbären, der auf der Jagd zu sein scheint. Auch allerlei Wasservögel lassen sich auf der Werre entdecken. Eisvögel, Uferschwalben, Graureiher oder Kormorane zum Beispiel. Oh, lá, lá, was schwimmt denn da? Am Uferrand wurde ein großer gelber Vogel gesichtet. Bei näherer Betrachtung entpuppt sich dieses Exemplar allerdings als Plastikmüll in Entenform. Also rauf aufs Brett und mitgenommen. Kurze Zeit später kommt noch ein roter Plastikeimer dazu. Sinnvolle Aktivitäten wie Plogging liegen im Trend. Warum nicht einfach mal Müll zu Wasser einsammeln?

Ganz nebenbei tut man auch für die Gesundheit etwas Gutes: Stand-up-Paddeln ist ein exzellentes Training für die Tiefenmuskulatur und sorgt für eine bessere Körperhaltung. Dadurch, dass der ganze Körper im Einsatz ist, werden Kraft, Koordination und Ausdauer trainiert. So lässt sich das Schöne ganz einfach mit dem Nützlichen verbinden. Das nächste SUP-Abenteuer darf gerne kommen!

Tipp: Es werden auch Touren speziell für Hunde und ihre Halter angeboten. Und sogar Schwimmwesten gibt's für die Vierbeiner.

FAZIT: GEHT EINFACHER ALS GEDACHT. MACHT SPAß UND HAT SUCHTPOTENZIAL.

HOCH HINAUS

… Wanderung vom Silberbachtal zum Velmerstot

Wasser, das wie flüssiges Silber glänzt, von Wurzeln umrankte Wege und ein verwunschen wirkender Wald – das Silberbachtal zählt nicht umsonst zu den romantischsten Wanderrevieren von Ostwestfalen-Lippe. An höchster Stelle wartet der Velmerstot. Und der liefert einen Weitblick par excellence.

#imMärchenland #RonjaRäubertochter #esklappertedieMühle #guteAussichten

Bereits am Wanderparkplatz begrüßt einen der fröhliche Sound des Silberbachs. Es ist ein Glucksen und Plätschern, das Lust auf mehr macht. Wie das Silberbachtal zu seinem Namen kam? Darum ranken sich viele Sagen. Die bekannteste ist die vom Nöck, dem Wassermann im Mühlenteich, der die jüngste Tochter des dort ansässigen Müllers zur Frau begehrte. Als Gegenleistung versprach er dem Müller, dass alles Korn, das die Mühle mahlt, augenblicklich zu Silber werde.

Wie die Geschichte weitergeht? Das erfahren Wanderer auf einer der Info-Tafeln, die den Rundweg begleiten. Dass Sagen wie diese entstanden, verwundert nicht, denn das Tal wirkt irgendwie verwunschen. Märchenhaft beginnt es bereits am Startpunkt des Wanderweges: Das moosbewachsene Mühlrad sieht aus, als sei es vor 100 Jahren plötzlich in einen Dornröschenschlaf gefallen. Nur an Wochenenden und Feiertagen kehrt an diesem lauschigen Plätzchen Leben ein, denn in den Räumlichkeiten der ehemaligen Silbermühle befindet sich heute das Waldhotel Silbermühle mit Teich, Terrasse und Biergarten.

Weiter geht's Richtung Velmerstot über wurzelumrankte Wege den Hang hinauf, linker Hand erscheint im Stamm einer großen Buche

plötzlich ein gespensterhaftes Gesicht. Was der Baumgeist wohl zu erzählen hat?

Die Strahlen der Morgensonne bringen die Tautropfen auf Blättern und Spinnweben zum Funkeln, kleine Eidechsen huschen über den Weg. Und wenn das Licht im richtigen Winkel auf den Grund des Tals trifft, glänzt das Wasser des Bachs wie flüssiges Silber. Es lohnt sich, an der einen oder anderen Stelle einfach einmal innezuhalten und diese zauberhafte Stimmung auf sich wirken zu lassen. Je weiter man sich dem Lippischen Velmerstot nähert, desto sandiger wird der Boden und desto steiler wird es. Blühende Heide wächst weit und breit.

Übrigens: Die Klippen im Ronja-Räubertochter-Look wirken zwar, als seien sie natürlichen Ursprungs, in Wirklichkeit sind sie jedoch das Relikt eines alten Steinbruchs, denn früher befand sich an diesem Ort ein Zentrum der Baustoffindustrie.

Egal, einfach wunderschön ist es hier oben. Mit seinen 441 Metern zählt der Lippische Velmerstot zu den höchsten Erhebungen des Eggegebirges. Bei passender Wetterlage kann

---

Hin & weg: Waldparkplatz am Silberbachtal, Straße Neuer Teich in Leopoldstal.

Beste Zeit: Ganzjährig, zur Heideblüte ist es farblich besonders schön.

Dauer & Strecke: 5 Std. mit Pausen, reine Gehzeit 2 Std., ca. 10 km Gesamtstrecke.

Ausrüstung: Rutschfeste Wanderschuhe, evtl. sind Wanderstöcke hilfreich, Proviant.

Wie im Zauberschlaf: Wo früher säckeweise Korn gemahlen wurde, ranken heute Moose und Flechten.

man bis zum Weserbergland und zum Sauerland schauen. Stundenlang möchte man hier verweilen. Wer in den Morgenstunden kommt, hat diesen Platz meist für sich allein. Nach einem kleinen Picknick mit perfektem Ausblick geht es weiter. Schließlich wartet, nur einen kurzen Kammweg später, der Preußische Velmerstot. Auf ihm befindet sich ein Aussichtsturm, der einen Rundblick ins Weserbergland, ins Steinheimer Becken, ins Lipperland und ins Münsterland bietet. Keine Frage, der steile Aufstieg hat sich gleich doppelt gelohnt.

FAZIT: GANZ GROBES KINO. FÜR VERLIEBTE, NATURVERLIEBTE UND ALLE, DIE MÄRCHEN MÖGEN.

EINMAL AUE UND ZURÜCK

... Radtour durch das Gütersloher Umland

Der Nebel hängt noch über Wasser und Wiesen. Schilf reckt sich in die Höhe. Die Dalke wirkt fast unberührt. Doch der Schein trügt: Die Flussauen an der Straße Im Füchtei wurden 2005 und 2006 aufwendig renaturiert. Hier beginnt eine ländliche Rundtour mit vielen spannenden Zwischenzielen.

#plattesLand #überallFachwerk #GlückaufRädern #durchAlleen

Von den Dalkeauen Im Füchtei bis nach Rheda und zurück – das sind 22 entspannte Kilometer auf dem Rad, die neben Kiefernwäldchen, Kuhweiden und Flussläufen auch einige kulturelle Sehenswürdigkeiten zu bieten haben. Einziger Wermutstropfen: Auf der Runde werden die Autobahn A2 und die Bielefelder Landstraße überquert. Aber der Rückweg über das Gut Schledebrück entlohnt fraglos für das weniger reizvolle Stück. Um das erste Ziel, die Rhedaer Innenstadt, zu erreichen, folgt man ausgehend von der Dalke zunächst den Wegweisern Richtung Rheda. Bald schon führt ein Sandweg an einem Kiefernwäldchen entlang. Dann geht es weiter auf ruhigen Feldwegen, vorbei an Bauernhöfen, Kopfweiden und durch die typische Senelandschaft mit Birkenalleen.

Über einen Radweg an der Ems erreicht man das Zentrum von Rheda mit dem Wasserschloss. Das Hauptgebäude wird bewohnt und ist nur zu bestimmten Zeiten oder nach Anmeldung im Rahmen einer Führung zugänglich

(www.fuerstliche-schloesser.de). Doch auch ohne Besichtigung der Gemächer der Familie Bentheim-Tecklenburg lohnt sich der Besuch der Anlage. Zu sehen gibt es unter anderem die restaurierte Mühle und den weitläufigen Park mit Orangerie.

Der nächste Etappenstopp ist der Linteler See. Ab hier folgt man zunächst dem Radweg R22. Der führt über die Autobahn und dann in einen wunderschönen Mischwald, in dem das Gut Schledebrück liegt. Das Anwesen, das im 12. Jahrhundert erstmals urkundlich erwähnt wurde, gehörte ursprünglich zum Kloster Marienfeld. Nach etwa zwei Kilometern wird der Kiebitzhof erreicht (www.kiebitzhof.de). Auf dem landwirtschaftlichen Bio-Betrieb arbeiten Menschen mit und ohne Behinderung. Im Hofladen gibt es nicht nur frisches Gemüse, sondern auch Kuchen und Brot aus der hofeigenen Bäckerei. Grund genug, hier eine kurze Pause einzulegen. Den Endspurt sollte man kurz unterbrechen, um sich das Wapelbad anzusehen, das fast auf dem Weg liegt. Hier entstand in den 1920er-Jahren ein Freibad. Die Gäste vergnügten sich im gestauten Was-

---

Hin & weg: Parkplatz an der Straße Im Füchtei auf Höhe der Dalke, die Anreise per Zug ist auch möglich, der Bahnhof in Gütersloh ist nur ca. 4 km vom Startpunkt entfernt.

Beste Zeit: Frühling, Sommer und Herbst.

Dauer & Strecke: Mit Besichtigung der Sehenswürdigkeiten ist man gut 3–4 Std. unterwegs, 22 km.

Ausrüstung: Fahrrad.

Der weitläufige Schlosspark Rheda lässt sich gut durchradeln.

ser der Wapel, das abends wieder abgelassen wurde. Weil die Industrialisierung und Intensivierung der Landwirtschaft die Wasserqualität zunehmend verschlechterten, wurde der Badebetrieb in den 1960er-Jahren eingestellt. Das Kassen- und Pumpenhäuschen ist historischen Originalen nachempfunden. Unter anderem gibt es ein Becken mit Brunnenwasser zum Durchwaten. Schließlich geht es zurück zu den Dalkeauen.

Tipp: Wer möchte, kann auch am Ufer der Dalke weiter Richtung Gütersloher Innenstadt radeln. Der Radweg führt direkt bis zur Weberei, einer traditionsreichen Lokalität mit einem schönen Biergarten.

FAZIT: FÜR LIEBHABER VON NATUR UND KULTUR GENAU DIE RICHTIGE RADRUNDE.

BEEREN-ALARM

#34

Wenn der Altweibersommer den Tisch deckt, gibt es für Sammler kein Halten mehr. An Waldesrändern und Parkwegen biegen sich die Büsche unter tiefschwarzen Holunder- und Brombeeren. Auch städtische Obstbäume dürfen gratis abgeerntet werden. Man muss nur wissen, wo die Früchtchen zu finden sind.

#fürSammler #Beerensatt #TourmitMehrwert #Obstkorbvoll

Bei trübem Winterwetter ein Glas Brombeermarmelade öffnen und dabei an eine spätsommerliche Wanderung denken – es gibt kaum etwas Besseres. Die wilden Früchte wachsen auf den Wegen rund um das Bauernhausmuseum und sind im August reif. Man findet in der Gegend auch Holunder, der als Gelee schmeckt. Und schließlich belohnt die Route mit einem besonderen Geschenk: Apfel-, Pflaumen- und Birnbäume, die gratis abzuernten sind.

Die Strecke ist auch landschaftlich reizvoll. Von der Haltestelle An der Wolfskuhle aus läuft man ein Stück an der Straße in die Richtung, aus welcher der Bus gekommen ist, und biegt gegenüber von den Altglascontainern links in den Wald. Nach kurzem Fußmarsch betritt man wie durch einen Torbogen aus Blättern eine Wiese, die sich im Sonnenlicht vor einem ausbreitet. Links ab geht's über eine Freifläche, dann erneut in den Wald. Hier beginnt der Beutezug. An den Rändern des Weges hängen die Büsche voller reifer Brombeeren. Mit einem Stock, der widerspenstige Ranken in Schach hält, lassen sich die Beeren gut ergattern.

Schließlich erreicht man die Ochsenweide. An deren Ende sind die Flügel einer Bockwindmühle zu sehen. Sie steht auf dem Gelände des Bauernhausmuseums, wo es übrigens ein nettes Café mit selbstgebackenem Kuchen gibt. Am Museum angekommen, geht's links ab und auf einem Schotterweg um die Anlage herum. Auch hier stehen einige Brombeer- und Holunderbüsche.

An der nächsten Weggabelung biegt man scharf links ab und gelangt zur Kleingartenan-

Im Wald rund um das Bauernhausmuseum warten reife Beeren auf Pflücker.

lage Sieben Hügel. Hier eröffnet sich einer der schönsten Blicke auf die Stadt. Es geht weiter durch die friedlich daliegenden Kleingärten. Um diese Jahreszeit wachsen die letzten Zucchini in Hochbeeten und Sonnenblumen neigen ihre schweren Köpfe. Hinter der Anlage führt der steile Weg A 10 hinab zur Wertherstraße. Diese wird überquert und schon ist das nächste Ernterevier erreicht. 20 Meter rechts vom Weg stehen Pflaumen-, Birn-, Kirschpflaumen- und Apfelbäume, die nur darauf warten, abgeerntet zu werden. Wer nicht allzu schwer beladen ist, folgt dem A10-Weg bis zum Schlosshof und feiert dort Erntedank im Biergarten.

Tipp: Mehr Infos zu Gratisfrüchten in Bielefeld gibt die Stadt unter www.bielefeld.de > Umwelt > Grünanlagen > Stadtfrüchte.

FAZIT: EINE ERTRAGREICHE TOUR FÜR SAMMLER UND GENIEßER.

Hin & weg: Buslinie 24 bis An der Wolfskuhle, Rückfahrt Buslinie 26 von Schlosshofstraße.

Beste Zeit: August und September.

Dauer & Strecke: Wer auf den 4 km fleißig sammelt, braucht ½ Tag.

Ausrüstung: Diverse Schalen mit Deckel, lange Hosen, festes Schuhwerk, Messer, evtl. Apfelpflücker und Korb.

Brombeer-Holunder-Marmelade

ca. 800 g Holunderbeeren
500 g Brombeeren
1 Zitrone
500 g Gelierzucker (2 : 1)

Holunderbeeren mit einer Gabel von den Rispen streifen. Abspülen und mit wenig Wasser aufkochen. Alles durch ein Sieb geben und den Saft auffangen. Um möglichst viel Saft zu erhalten, mit einem Löffel ausdrücken.

Brombeeren waschen und mit 400 ml Holundersaft, dem Zitronensaft und Gelierzucker vermischen. Aufkochen und etwa 4–5 Minuten sprudelnd kochen. Masse heiß in saubere Gläser mit Schraubdeckel füllen. Gläser verschließen, auf den Kopf drehen und abkühlen lassen.

AUSSICHTEN SAMMELN

... vom Luisenturm zur Burg Ravensberg

Bei dieser Tour durch die Wälder des Teutoburger Waldes hat man nur ein Problem: Man kann sich nicht entscheiden, welchen Ausblick man besser findet – den vom Luisenturm oder den von der Burg Ravensberg.

#Ausblickesatt #Hügelahoi #Aufundab #sportlichwandern

Vor allem unter der Woche ist die Wanderroute kaum frequentiert.

Lange lässt der erste »Höhepunkt« dieser Rundwanderung nicht auf sich warten. Der Luisenturm, wo die Tour beginnt, steht nur wenige Meter entfernt vom Parkplatz. Wer seine 89 Stufen erklommen hat, blickt weit über den Teutoburger Wald, das Ravensberger Hügelland bis zur Porta Westfalica und bei sehr guter Sicht sogar bis ins Sauerland. Doch stundenlang hält man sich besser nicht auf, denn es liegen immerhin fast zwölf Kilometer Weg mit einigem Auf und Ab vor einem.

Ab dem Aussichtsturm folgt man dem Entdecker Weg, der zunächst mit dem Hermannsweg identisch ist. Hinunter geht es nach Borgholzhausen. Die Herbstsonne scheint warm durch die grünen Blattkronen der Buchen und die Strecke geht leicht von der Hand. Dann lichtet sich der Wald allmählich und der Pfad ist gesäumt von Schlehen, Hagebutten und Weißdorn. Borgholzhausen gerät in Sichtweite. Hier gibt es im öffentlichen GeoGarten hinterm Kultur- und Heimathaus Spannendes zur Erdgeschichte. Unter anderem ist Näheres über den für die Region so typischen Osning-Sandstein zu erfahren, der auch für den Bau der Ravensburg genutzt wurde.

Vielleicht liegt auch der Duft nach Nelken und Ingwer in der Luft, denn in Borgholzhausen hat die traditionsreiche Bäckerei Schulze ihren Sitz. Sie stellt seit Mitte des 19. Jahrhunderts Pfefferkuchen und Lebkuchen her. Neben dem Heimathaus steht das schmucke klassizistische Ladencafé. Verlässt man das Dorfzentrum über die Straße Finkenau, erwartet einen ein Gebäude, an dem der Name Schulze prangt. Es handelt sich um das alte Kontorhaus einer Segeltuchweberei, das nach dem Niedergang des Industriezweigs in die Hände der Borgholzhauser Bäckerdynastie gelangte. Heute schließt sich hinter dem Kontorhaus die moderne Keksproduktion an.

Langsam, aber stetig geht es wieder bergauf Richtung Wald und Barenberg. Durch die Cleverschlucht nähert sich die Burg Ravensberg. Sie wurde um 1100 vom Grafen Ravensberg-Calvelage errichtet. Der Wehrturm, die Ring-

---

Hin & weg: Am Wanderparkplatz am Luisenturm (Peter-Eggermont-Straße) beginnt und endet die Tour.

Beste Zeit: Frühling bis Herbst, im Frühling lassen sich an vielen Stellen hübsche Frühblüher wie Lerchensporn oder Buschwindröschen blicken.

Dauer & Strecke: 5 Std. mit Pausen kann man für die 12 km einplanen.

Ausrüstung: Wanderschuhe.

Wer den Luisenturm erklimmt, wird mit einem weiten Ausblick für die Mühe entlohnt.

mauern sowie der mehr als 100 Meter tiefe Brunnen stammen noch aus dem Mittelalter. Über den Hermannsweg verlässt man das Burggelände und den Wald und setzt dann den Weg über Wiesen, Felder und Bauernhöfe fort. Ein Pfad durch einen Mischwald führt schließlich wieder zum Ausgangspunkt der Runde zurück.

Tipp: Im Ladencafé Schulze in Borgholzhausen kann man gegen ein Pfand Boulekugeln ausleihen, mit denen im Generationenpark gespielt werden darf.

FAZIT: FÜR ALLE, DIE SICH EINEN ÜBERBLICK ÜBER DAS RAVENSBERGER HÜGELLAND VERSCHAFFEN MÖCHTEN.

MOOR-MYTHEN

… Wanderung in Marienfeld

#36

Im Marienfelder Moor spukt's. Angeblich. Einer Sage zufolge steigt der ruhelose Geist eines alten Abtes zum Sonnenuntergang aus dem Moor empor. Was ist eigentlich dran an der Gruselgeschichte? Im Herbst und Winter ist es vor Ort besonders schön schaurig.

#Gruselgeschichten #beiNebelbesondersgut #Hühnermoor #tiefschwarz

»Oh schaurig ist's, übers Moor zu gehen ...« So beginnt die wohl bekannteste Ballade der Schriftstellerin Annette von Droste-Hülshoff. Damals war das dunkle, manchmal zischende Moor den Menschen besonders unheimlich, denn seit Jahrhunderten herrschte der Aberglaube, im Moor befänden sich die Seelen der unerlösten Toten. Auch um das Marienfelder Moor ranken sich so einige Sagen und Legenden: In der Marienfelder Chronik steht geschrieben, dass der von den Bauern gefürchtete Abt Johannes Rulle einst mit einer Kutsche und sechs Pferden in der sogenannten Teufelskuhle unterging. Seitdem steige sein ruheloser Geist zum Sonnenuntergang aus dem Moor empor, heißt es. Nur eine Geschichte oder leibhaftiger Spuk? Bei einer Wanderung ums Hühnermoor kann man der Sache selbst auf den Grund gehen.

Startpunkt ist das Kloster Marienfeld, eine ehemalige Zisterzienserabtei, die 1185 von Mönchen aus dem Kloster Hardehausen gegründet wurde. Allein für die Besichtigung der historischen Anlage sollte man genügend Zeit mitbringen, um die Alte Abtei, die circa 180 Jahre alte Blutbuche, den Klostergarten und die ehemalige Abteikirche mit ihrer blauen Orgel zu bewundern. Auch ein nettes Café, eine

---

Hin & weg: Linie 71 Richtung Versmold, Haltestelle Bürgerhaus/Friedhof.

Beste Zeit: Ganzjährig, im Herbst ist die Chance auf Nebel am höchsten.

Dauer & Strecke: 2-3 Std. (mit Pausen), ca. 7 km.

Ausrüstung: Schuhe mit festem Profil. Literaturtipp: »Der Knabe im Moor« von Annette von Droste-Hülshoff.

Reise in die Vergangenheit: Das Naturschutzgebiet Hühnermoor ist das Relikt einer 4000 Jahre alten Hochmoorlandschaft.

Bücherei und einen Klosterladen gibt es. Rechter Hand am Friedhof vorbei führt der etwa sieben Kilometer lange Wanderweg durch das Naturschutzgebiet Hühnermoor. Neben seltenen Tieren lassen sich dort zahlreiche Pflanzen entdecken: Torfmoos-Schwingrasen, Bulte aus Wollgräsern, die Moosbeere, Glockenheide und der Rundblättrige Sonnentau.

Ein kleiner Abstecher bringt Wanderer zum Café am Hühnerstall (www.cafe-huehnerstall.de), einem alten Fachwerkhof, der idyllisch an der Lutter liegt. Zahlreiche Liegen laden hier mit Blick auf Wald und Felder zum Sonnetanken ein. Nebenan kann kostenlos das kleine, aber feine Heimatmuseum besichtigt werden, das ländliche Vergangenheit bewahrt: Neben mehreren landwirtschaftlichen Großgeräten ist auch eine bäuerliche Küche aufgebaut.

Dann ist es an der Zeit, noch einmal einen Schlenker zum Moor zu machen, denn der Sonnenuntergang naht, und damit die »Geisterstunde«. Tiefschwarz sieht das Wasser aus, und ziemlich geheimnisvoll. Kein Wunder, dass die Menschen das Moor schon damals irgendwie unheimlich fanden. Plötzlich klingt es, als bewege sich etwas im Wasser. Ob er jetzt aufsteigt, der Geist des alten Abts Rulle?

Diesmal sind es nur ein paar Enten, die ihre letzte Baderunde starten, bevor es dunkel wird. Wie schnell sich doch Realität und Fantasie vermischen. Weiter geht's, schließlich steht noch ein wenig Weg bevor. Langsam zieht die Kühle vom Boden hinauf. Mit ihr kommt der Nebel. In der Ferne zeigt sich eine Fratze, die an einen Halloween-Kürbis mit glühenden Augen und Mund erinnert. Es ist die Sonne, die hinter den Bäumen am Horizont versinkt.

FAZIT: EINE SCHÖNE RUNDWANDERUNG, DIE ZUR DÄMMERUNG, BEI SCHLECHTEM WETTER UND VOR ALLEM BEI NEBEL GRUSELPOTENZIAL BEREITHÄLT.

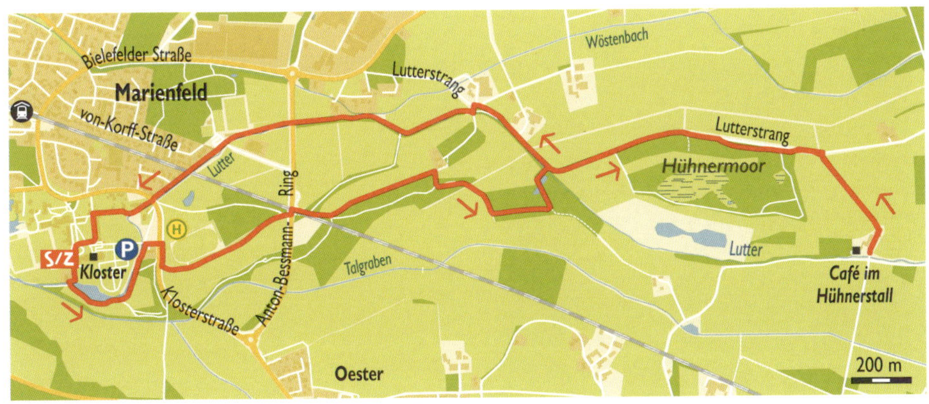

WASSER, WIND UND KUCHEN

... auf der Westfälischen Mühlenstraße rund um Minden

Plattes, weites Land, Wasserstraßen, Schiffe und jede Menge funktionstüchtige Mühlen. Das erwartet den Radler auf dieser schönen Tour rund um Minden. Wer seinen Ausflug gut terminiert, trifft auf die eine oder andere geöffnete Mühle und, mit etwas Glück, sogar auf selbstgebackenen Butterkuchen.

#altesHandwerk #beflügelt #weitesLand #HistorischesamWegesrand

Wiesen und Felder, so weit das Auge reicht.

Im Kreis Minden-Lübbecke drehen sich an vielen Tagen im Jahr die Flügel und Wasserräder historischer Mühlen. Das ist einem aktiven Verein zu verdanken, der die Mühlen zwischen April und Oktober an Mahl- und Backtagen regelmäßig in Betrieb nimmt. Dann gibt es dort nicht nur Vorführungen, sondern auch Musik sowie selbstgebackene Brote und Kuchen. Die Region hat so viele Mühlen zu bieten – insgesamt sind es 43 – dass sie Mühlenkreis genannt wird. Auch sonst macht das Radeln auf der Mühlenroute rund um Minden Spaß. Führt sie doch an Weser und Mittellandkanal entlang und durch verschlafene, zum Teil charmante Orte, durch die man womöglich sonst nie gekommen wäre.

Vom Bahnhof in Minden folgt man der Radweg-Beschilderung nach Petershagen. Nach der Überquerung der Weser geht es erst einmal links. Wenige hundert Meter entfernt liegt auf der Weser der originalgetreue Nachbau einer Schiffmühle. Ein guter Auftakt für die Route. Von hier aus radelt man zunächst auf dem Weserradweg Richtung Petershagen vorbei am Wasserstraßenkreuz, wo sich Mit-

tellandkanal und Weser treffen, und an der historischen Schachtschleuse. Ab hier weitet sich der Blick allmählich und die Landschaft wirkt friedlich. Gemächlich und breit fließt die Weser dahin. Den Fluss verlässt man jedoch bald, wenn ein kleiner Weg links hoch nach Todtenhausen und Valentinsmühle führt. Das Bauwerk am Deich bietet einen guten Ausblick auf die Weser und das Umland.

An der Bundesstraße biegt man rechts und sofort wieder links in die Todtenhauser Dorfstraße ab. Erst an der Kreuzung Großenheider Straße geht es links ab und dann erscheint am Horizont schon bald die nächste Mühle, die Großenheider Königsmühle. Von da aus wird der Beschilderung »Mühlenroute« gefolgt. Äcker und Wiesen wechseln sich mit stillen Dörfern ab, in denen der letzte Tante-Emma-Laden bereits seit Langem aufgegeben hat. Fachwerkhäuser und Bauernhöfe stehen am Wegesrand. Sonst hindert nichts die weite Sicht und am Horizont zeichnet sich das Wiehengebirge ab. Eins der schöneren Örtchen ist Südhemmern. Zu ihm gehört natürlich auch eine Mühle, welche von vielen Freiwilligen

---

Hin & weg: Mit dem Zug zum Hauptbahnhof Minden, von dort zunächst der Beschilderung Petershagen folgen, zurück wieder mit dem Zug ab Minden.

Beste Zeit: Frühling, Sommer, Herbst.

Dauer & Strecke: 2,5 Std. für ca. 37 km (reine Fahrtzeit). Mit diversen Stopps geeignet für eine Tagestour. Die Verlängerung der Route ist über Petershagen möglich, dann kommt man auf 60 km.

Ausrüstung: Proviant, denn falls kein Mühlenfest stattfindet, gibt es kaum Einkehr- oder Einkaufsmöglichkeiten.

An bestimmten Mühlentagen drehen sich die Flügel im Mühlenkreis wieder.

am Leben gehalten wird, die an Mühlentagen, wenn man Glück hat, Butterkuchen servieren. Tipp: Infos zu den Mühlen und Events in den einzelnen Mühlen unter www.muehlenverein-minden-luebbecke.de

FAZIT: DER HORIZONT IST SO WEIT, DASS UNWEIGERLICH EIN GEFÜHL VON FREIHEIT AUFKOMMT.

IM WUNDER-WALD

… auf dem Nieheimer Kunstpfad

#38

Traum oder Wirklichkeit? Das ist hier die Frage. Schmale Pfade führen zu versteckten Kunstwerken. Und die laden zum Ausprobieren und Staunen ein. Bei dieser Tour fühlt man sich ein wenig wie Alice im Wunderland, versprochen!

#Märchenwald #malwiederstaunen #zauberhaft #Nieheim

Sagenhafte Upcycling-Ideen: zwei Silos, die zu Raketen umgestaltet wurden.

Könnte ein Wanderweg märchenhafter starten? Direkt neben dem Parkplatz – umgeben von alten Mauern aus Stein – liegt das weiße Schloss von Gut Holzhausen. Seit über 20 Jahren dürfen bildende Künstler hier ihre Landschaftsinstallationen erarbeiten. Rechter Hand sieht man in der Ferne zwei Türmchen mit wehenden Fahnen, bunten Fenstern und Türen. Zeit für einen ersten Abstecher auf eigene Faust, denn was diesen Wanderweg ausmacht, ist der Umstand, dass er hier und da verlassen werden muss, wenn man die wundersamen Werke genauer betrachten möchte. Nähert man sich den kupfernen Türmen, erscheinen sie plötzlich wie zwei kleine Raketen aus vergangenen Zeiten. Nach der Landung zurückgelassen mitten auf diesem Feld. Eine Erklärung zu dem Kunstwerk gibt es vor Ort nicht, man darf also getrost seine eigene Fantasie spielen lassen.

Direkt am Parkplatz befindet sich die erste Station des Weges, der vom Deutschen Wanderverband als »Qualitätsweg Wanderbares Deutschland« ausgezeichnet wurde: »Encore« nennt sich das Streichorchester der mexikanischen Künstlerin Helen Escobedo. Weiter geht's in eine Allee aus knorrigen 400-jährigen Eichen. Spätestens hier betritt man eine andere Welt. Mystisch mutet er an, dieser Wald mit seinen fantastischen Installationen. Linker Hand befindet sich der AveNatura Friedhof Am Holsterberg – ein Naturfriedhof, auf dem man sich unter einem Baum begraben lassen kann. Mit dem Wissen, dass hier viele Tote ruhen, fühlt sich die friedliche Stimmung des Waldes gleich viel bedeutsamer an.

Der Weg macht einen Schlenker und führt zur »Attacke am Turm« – eine Installation, die den Betrachter in eine Zeit zurückversetzt, in der räuberische Banden Land und Leute bedrohten. Geht man die schmale Wendeltreppe des mit Speeren bespickten Turms hinauf, hat man einen schönen Weitblick über den Naturpark Eggegebirge, Teutoburger Land.

Hin & weg: Linie R 81, Haltestelle ZOB Nieheim-Holzhausen. Parkplatz an der Eichenallee im Oberdorf in Nieheim-Holzhausen.

Beste Zeit: Frühling, Sommer, Herbst.

Dauer & Strecke: 3,5 Std. (ohne Pause, ohne Ausprobieren und Staunen), 10 km. Für Abenteurer ein Tagesausflug.

Ausrüstung: Ausreichend Proviant und Getränke mitbringen, eine Einkehrmöglichkeit liegt nicht auf der Route. Festes Schuhwerk, denn bei schlechtem Wetter kann der Weg teilweise matschig sein.

Weiter geht es auf der Hauptroute, wo sich eines der Highlights des Nieheimer Kunstpfades befindet: Mysteriös und verwunschen verbirgt sie sich im Grün – die »Baumhauskugel«, die an an eine archaische Taucherglocke aus Jules Vernes Erzählungen erinnert.

Dank einer Flaschenzug-Konstruktion ist es möglich, das 1400 kg schwere Baumhaus mit Muskelkraft am Stamm auf- und abzufahren, ohne dass die Esche beschädigt wird. Zeit für eine kleine Verschnaufpause bietet die kurz darauf folgende »Windwiege«. Sanft schaukelt die riesige runde Hängematte aus Holz im Rhythmus der sich im Wind wiegenden Bäume. Mit Blick in den Himmel lässt es sich hier wunderbar entspannen, bevor es auf den Rückweg der Runde durch den Wunderwald geht. Weitere Überraschungen sind garantiert.

FAZIT: IN DIESEM WALD WARTET EINE ANDERE WELT. UNBEDINGT ABTAUCHEN UND EINFACH MAL VERZAUBERN LASSEN.

DER KÜRZESTE FLUSS

#39

In mehreren Becken unterhalb der Paderborner Innenstadt entspringen über 200 Quellen. Sie vereinigen sich zur Pader, dem kürzesten Fluss Deutschlands. Ihren Verlauf kann man in einem kurzweiligen Spaziergang verfolgen.

#kurzraus #MarschamWasser #barockeBlumenfreuden #naturnahbummeln

Auch die Enten lieben das Paderquellgebiet in der Paderborner Innenstadt.

Wasser und Grün, wohin man blickt – der Startpunkt der Tour, das Paderquellgebiet mit seinen zahlreichen Wegen, Brücken und Bachläufen, liegt nur wenige Schritte von den Einkaufsstraßen der Paderborner Innenstadt entfernt. Bis zu einer Bombardierung im Jahr 1945 waren die Quellen eng umbaut, doch nach Kriegsende entschied man sich gegen einen Wiederaufbau und für eine großzügige Grünanlage. Neben vielen Enten lässt sich hier mit etwas Glück sogar der seltene Eisvogel blicken.

Bei den Paderquellen handelt es sich übrigens um eine sogenannte Karstquelle. Es ist unter anderem Regenwasser, das auf der Paderborner Hochfläche versickert und einige Tage später hier wieder zutage tritt, weil es auf wasserundurchlässige Schichten trifft. Hat man sich im städtischen Quellgebiet ausreichend umgeschaut, geht's der Beschilderung »PaderWanderung« nach. An den Paderläufen mit ihrem klaren Wasser entlangspazierend, wird bald die Stümpelsche Mühle erreicht, die an die alte Stadtmauer grenzt. Sie ist die einzige erhaltene Mühle von einst fünf Padermühlen im Stadtgebiet.

Weiter geht es unter dem Innenstadtring hindurch über die Paderwiesen und die naturnahen Heinz-Nixdorf-Auen langsam raus aus der Stadt bis an den Padersee. Die Pader selbst wurde vor einigen Jahren zu ökologischen Zwecken umgeleitet und umfließt seitdem den See. Entstanden sind viele naturnahe Bereiche, die neben Wanderern auch Fische und Vögel anlocken. Naturnah geht es hinter dem Padersee mit dem Auenpark weiter. Das abwechslungsreiche Gelände bietet Abschnit-

---

Hin & weg: Mit dem Zug bis Paderborn Kasseler Tor (bis zu den Paderquellen sind es von hier nur 900 m), vom Ziel am Schloss ist es kein Kilometer bis zum Bahnhof Schloss Neuhaus. Hier fahren Züge nach Paderborn und Bielefeld.

Beste Zeit: Frühling, Sommer und Herbst.

Dauer & Strecke: 2 Std. für 4 km (inklusive Besuch des Schlossgartens).

Ausrüstung: Der Weg ist barrierefrei und es ist keine besondere Ausrüstung erforderlich, abgesehen von bequemen Schuhen.

Der Barockgarten in Schloss Neuhaus wurde nach alten Plänen rekonstruiert.

te mit fließendem Wasser, ruhigem Flachwasser und Feuchtwiesen, die für unterschiedliche Tierarten ein ideales Zuhause sind. Von Brücken und Stegen kann man Insekten, Amphibien und Fische im und am Wasser beobachten. Zwischen dem Auenpark und dem Schloss Neuhaus mündet die Pader schließlich in die Lippe.

Der Spaziergang wird fortgesetzt in den schönen Barockgarten des Schlosses. Er wurde 1994 nach einem Plan aus dem 18. Jahrhundert rekonstruiert. Wenn im Frühling und Sommer die Beete in voller Blüte stehen, führt an dieser Anlage kein Weg vorbei.

FAZIT: JEDE MENGE WASSER, GRÜN, BLUMEN UND TIERCHEN – DIE PURE FREUDE FÜR NATURLIEBHABER.

IN DIE PILZE GEHEN

... Radtour im Holter Wald

Wer anfängt, sich mit Pilzen zu beschäftigen, merkt schnell, wie sich die eigene Wahrnehmung verändert. Plötzlich sieht man sie überall stehen, wo sonst nur Boden war: Tintlinge, Frauentäublinge und Lackporlinge. Mit einem Bestimmungsbuch in der Hand, werden Wald und Wiesen zum Erlebnispfad.

#abindiePilze #Delikatessen #Naturentdecken #Waldwunder #Herbst

Entdeckung des Tages: Ein prächtiger Sommersteinpilz am Wegesrand.

Beim »in die Pilze gehen« gilt es einiges zu beachten: Man sollte niemals Exemplare sammeln und essen, die man nicht genau bestimmen kann. Schließlich gibt es auch giftige Pilze, die manch essbarem zum Verwechseln ähnlich sehen. Im Vordergrund dieser Tour steht daher das Naturerlebnis.

Startpunkt ist die Brücke am Ölbach. Von hier aus geht es mit dem Rad rechts am Verlauf des Ölbachs entlang. Eicheln zerbersten knackend unter den Reifen, das Laub der Eichen und Buchen färbt sich langsam gelb, der Waldboden ist matschig vom vielen Regen der letzten Tage. Die Boten des Herbstes, sie sind nicht zu übersehen.

Pilzfreunde wissen Schlechtwettertage sehr zu schätzen, denn die begehrten Objekte brauchen viel Feuchtigkeit, um zu wachsen. Ein erstes Erfolgserlebnis zeigt sich direkt am Wegesrand: Weiß und zylinderförmig mit abstehenden Schuppen steht sie da – eine Gruppe von Schopftintlingen. Diesen merkwürdigen

Namen erhielt der Pilz, da sein schwarzer Saft früher als Tinte genutzt wurde. Weiter geht es in den Wald hinein. An besonders moosigen Stellen lohnt sich das Absteigen vom Rad. Hier und da gibt es kleine Pfade am Wegesrand, denen man folgen kann. Von Regentropfen benetzte Spinnweben glitzern im Sonnenlicht, es duftet wunderbar waldig. Mit etwas Glück findet man hier auch Steinpilze, die ihre braunen Köpfe emporstrecken. An diesem Tag ist es so weit: Die begehrten Delikatessen zeigen sich zahlreich. Das saftig grüne Moos fühlt sich feucht und kühl an, ein behutsamer Schnitt mit dem Messer und schon liegen die Pilze im Körbchen. Die Vorfreude auf eine köstliche Pilz-Pasta am Abend steigt.

Die Route führt in Richtung Mühlgrund. Dort steht eine ehemalige Mahlmühle aus dem Jahre 1823, in der sich heute das beliebte Mühlcafé (www.muehlcafe.de) befindet. Auf der Speisekarte stehen selbstgemachte Kuchen und Torten. Auch ein kleiner Spielplatz für Kinder ist vorhanden.

Kurz dahinter kommt eine Schranke, ab hier beginnt das Naturschutzgebiet. Und da das Sammeln von Pilzen in Naturschutzgebieten generell verboten ist, heißt es ab jetzt nur

---

Hin & weg: Einen Parkplatz gibt es an der Straße Am Ölbach.

Beste Zeit: September bis November.

Dauer: So lange man möchte. Die reine Fahrzeit beträgt etwa 1,5 Std. (10 km).

Ausrüstung: Festes Schuhwerk, teilweise ist die Strecke sehr matschig. Ein bis zwei Pilzbestimmungsbücher, ggf. Messer und Korb (bei ausreichender Kenntnis). Lesetipp: »Welcher Pilz ist das?« von Markus Flück.

Beliebtes Ausflugsziel: Der Ölbach entspringt am Fuße des Teutoburger Waldes und ist über 29 Kilometer lang.

noch gucken, nicht anfassen. Auch die Wege dürfen nicht mehr verlassen werden. Das muss man auch gar nicht, denn ein weiteres Highlight wartet am Wegesrand - ein kleine Gruppe märchenhaft anmutender Fliegenpilze. Schön und giftig zugleich. Nur ein paar Baumstümpfe entfernt wuchern Honiggelbe Hallimasche, diese haben eine ganz besondere Eigenschaft - sie leuchten grün in der Dunkelheit. In alten Zeiten dürfte dieses Phänomen sicher zur Entstehung der einen oder anderen Sage von Geistern und Elfen, die im dunklen Wald wohnen, beigetragen haben. Was für wundersame Gewächse der Waldboden doch bereithält. Ob man beim »in die Pilze gehen« fündig werden wird, weiß man vorher übrigens nie. Doch genau das macht es ja so spannend.

Übrigens: Pilzkurse und geführte Exkursionen werden unter anderem über den Naturwissenschaftlichen Verein für Bielefeld und Umgegend (www.nwv-bielefeld.de) und oft auch an regionalen Volkshochschulen angeboten.

FAZIT: WER LUST AUF MEHR BEKOMMEN HAT, FÜR DEN LOHNT SICH DIE TEILNAHME AN EINER GEFÜHRTEN PILZEXKURSION.

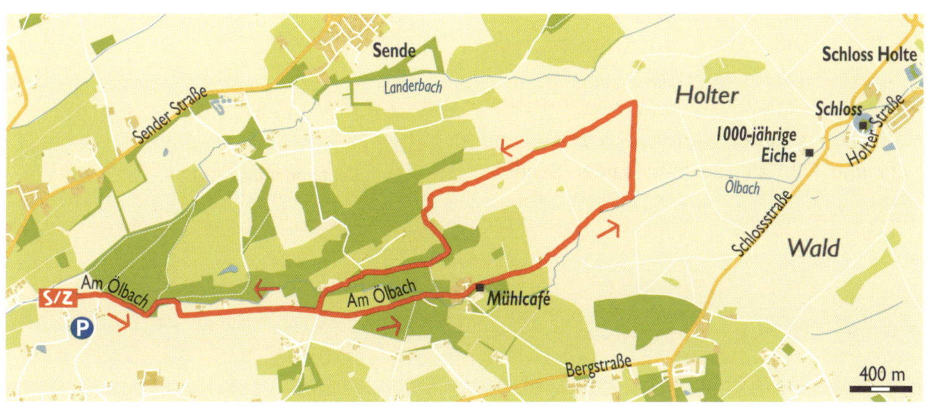

EINSAME SPITZE

… auf dem Schwelentruper Höhenweg

#41

Wie ruhig, einsam und schön das Lipperland sein kann, erfährt man am allerbesten auf dem Schwelentruper Höhenweg. Möglicherweise begegnet einem keine Menschenseele. Ganz allein genießt der Wanderer dann die vielen weiten Ausblicke über die sanfte Hügellandschaft.

#ganzweitraus #Lipperlandvonoben #Entschleunigung #tschüssLärm

Spannende Infos zur alten Wallanlage hält ein Schild bereit.

Weit, weit weg von Straßenlärm, Industriegebieten und Siedlungen - dieser Weg ist Balsam für gestresste Seelen. Und wenn erst der 396 Meter hohe Steinberg erklommen ist, um den Rundumblick über das Hermannsdenkmal bei Detmold bis hin zum Kaiser-Wilhelm-Denkmal an der Weser bei Minden zu genießen, ist der Alltag ziemlich fern. Friedlich ist der Gipfel, auf dem sich einst eine Raketen- und Abwehrstation der NATO befand. In den 90er-Jahren wurde das Gelände renaturiert und gehört heute den Fledermäusen, Eulen und Amphibien.

Los geht es in Schwelentrup, einem Ortsteil der Gemeinde Dörentrup. Die Endung »trup«, die im Kreis Lippe allerorten vorkommt, bedeutet übrigens »Dorf«. Von der Alten Dorfstraße aus ins Krusfeld abbiegen. Vorbei an einem Friedhof und über Wiesen wird ein malerischer, von Büschen gesäumter Hohlweg erreicht. Durch die jahrhundertelange Nutzung hat er sich tief in die Landschaft eingegraben. Auf ihm gewinnt man langsam, aber stetig an Höhe. Immer weiter wird der Blick, bis der Wanderer auf dem Steinberg schließlich mit der besagten 360-Grad-Aussicht belohnt wird.

Nächstes Ziel ist die Burg Alt-Sternberg im Buchenwald auf dem Mühlenberg. Der Name ist leicht irreführend, denn ein Gemäuer gibt es hier nicht mehr zu sehen. Stattdessen steht man vor drei enormen Gräben einer Wallanlage aus dem frühen Mittelalter. Vermutlich ist die Anlage ein Vorläufer der nahegelegenen Burg Sternberg. Das letzte Drittel der Tour führt vor allem an Wald- und Wiesenrändern entlang. Besondere Aufmerksamkeit verdienen die Kühe, die dort mit etwas Glück weiden. Sind sie rot, handelt es sich mit hoher Wahrscheinlichkeit um das Rote Höhenvieh. Das Dreinutzungsrind (Fleisch, Milch, Zugtier) war beinahe ausgestorben, als Rinder nur noch entweder auf Fleisch- oder Milchleistung gezüchtet wurden. Heute gibt es spezi-

---

Hin & weg: Am besten mit dem Auto bis ins Dorfzentrum von Schwelentrup.

Beste Zeit: Frühling bis Herbst.

Dauer & Strecke: 3–4 Std. für 9 km (mit Pausen).

Ausrüstung: Festes Schuhwerk, Proviant, falls die Cafés geschlossen sind.

Tief durchatmen und weit schauen: Das Lipperland zeigt sich hier von seiner besten Seite.

elle Programme zum Schutz des Höhenviehs. Außerdem passiert man später noch eine Weide mit Galloways, urig aussehenden schottischen Hochlandrindern.

Tipp: Charmant ist übrigens der Forellenhof (www.forellenhof-lippe.de), über den der Weg den Wanderer führt. Im Bauernhofcafé werden Gäste mit selbstgebackenem Kuchen und Wildspezialitäten bewirtet. So gestärkt können die letzten zwei Kilometer bis zum Ausgangspunkt zurückgelegt werden. Übernachten ist dort auch möglich, oder aber alternativ im Mühlenhof (www.muehlenhof-lippe.de).

FAZIT: WUNDERSCHÖNE, WENIG FREQUENTIERTE RUNDE MIT TOLLEN AUSSICHTEN.

SPAZIERGANG MIT ALPAKA

… bei Werther in Bielefeld

#42

Achtung, bei dieser Tour besteht akute Gefahr, sich Hals über Kopf zu verlieben. Ist nur die Frage in wen: Wird es der schöne Rico, der humorvolle Siggi oder der treue Filou? Vielleicht trifft es aber auch einen der anderen felligen Gesellen. Fest steht: Alpakas sind einfach wunderbar!

#LamaKarma #wolligweich #alpakalove #Seelenschmeichler

Siggi hat die Haare schön. Struppig, weich und braun. Sein liebstes Hobby? Sich an Buchen schubbern, das macht ihm riesig Spaß. Außerdem ist er der Chef der Alpakaherde und geht immer vorneweg. Pole position für Siggi also. Wer eine geführte Alpaka- oder Lamawanderung auf dem Hof von Angela Vogt bucht, erfährt vorab bei Kaffee und Keksen so einiges über die felligen Geschöpfe. Denn genauso unterschiedlich, wie die Tiere aussehen, so unterschiedlich ist auch ihr Charakter: Der hübsche weiße Ringo hat Angst vor Hunden und braucht einen Führer, der ihn in solchen Situationen beruhigen kann. Tritt der Worst Case ein, dreht er sich gern mal im Kreis. Dario wird auch »der König« genannt, denn er mag es nicht, wenn man ihm direkt in die Augen schaut, das empfindet er als Provokation. Nähert man sich ihm mit gesenktem Kopf, ist man auf der sicheren Seite. Gut zu wissen, schließlich soll auf der geführten Wanderung gleich alles glatt gehen. Der Rest der Truppe ist zum Glück ziemlich unkompliziert.

So zum Beispiel Filou – nicht ein einziges Mal spannt sich die Leine während der gesamten Wandertour, Schritt für Tritt bleibt er brav ne-

---

Hin & weg: Linie 58 ab Babenhausen bis Deppendorf, Schlingkrug.

Beste Zeit: Ganzjährig. Mehr Informationen unter www.lamatherapie-bielefeld.com

Dauer: Etwa 3 Std. (inklusive Lama- und Alpaka-Briefing bei Keksen, Tee und Kaffee).

Ausrüstung: Kamera.

Dauergrinsen garantiert: So ein Spaziergang mit Alpaka macht glücklich.

ben einem. Filou ist schon 16 Jahre alt, freut sich aber, wenn das Tempo schneller wird. Dann beginnt er, ein wenig zu hüpfen. Ob das der Alpaka-Trab ist?

Über große Wiesen und durch den spätherbstlichen Wald führen die Wege. Es ist irgendwie wunderbar beruhigend, so einen felligen Begleiter an seiner Seite haben, der zudem auch noch lustig aussieht. Nicht umsonst kommen die Tiere wegen ihrer therapeutischen Wirkung auch regelmäßig bei Menschen mit verschiedenen Behinderungsformen und Beeinträchtigungen zum Einsatz. Alpaka- und Lama-Farm-Inhaberin Angela Vogt ist staatlich anerkannte Erzieherin und Heilpädagogin sowie Tiergestützte Pädagogin und Therapeutin. Sie weiß von der wunderbaren Wirkung zu berichten, die diese freundlichen Tiere auf Menschen haben können. Empathische Alpakas wie Filou haben auch schon blinde Menschen zuverlässig durch die schöne Landschaft Werthers begleitet.

Am Ende fällt der Abschied schwer, in den etwa zwei Stunden ist einem das flauschige Tier mit den Knopfaugen doch ziemlich ans Herz gewachsen. Da hilft nur eines: möglichst bald wiederzukommen!

FAZIT: EINE ETWAS ANDERE WANDERUNG, DIE NICHT NUR KINDERN TIERISCH VIEL SPAß MACHT.

3. KAPITEL MINIURLAUB

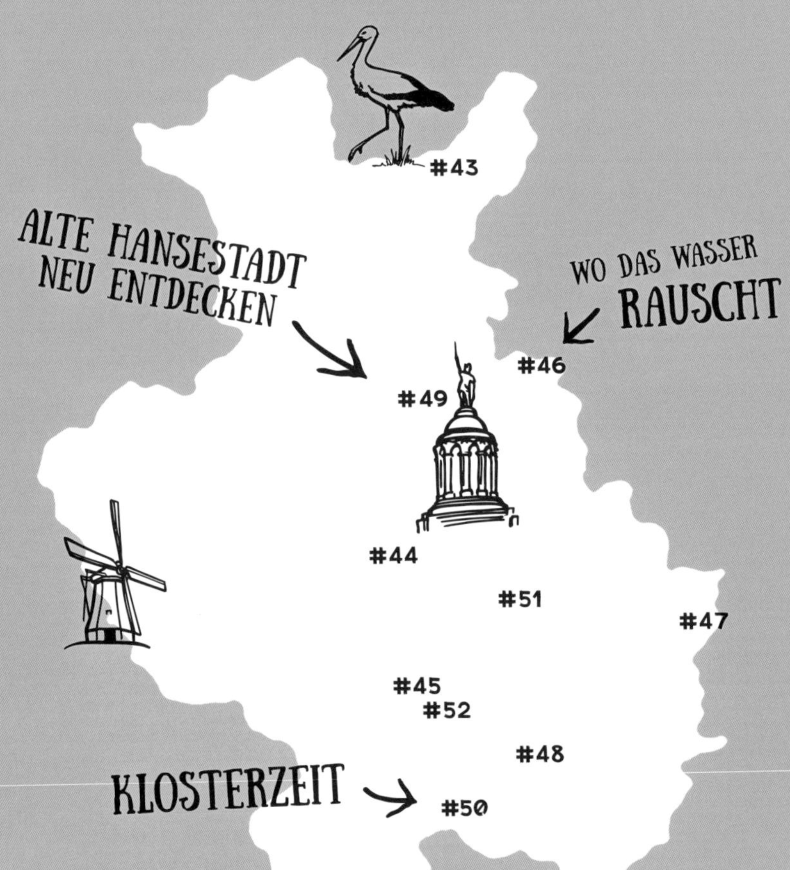

Ferien für ein Wochenende

Pack' die Pyjama-Hose ein! Bei den Störchen in Petershagen oder am Furlbach in der Senne gibt es so viel zu entdecken, dass man abends nicht nach Hause möchte.

36H

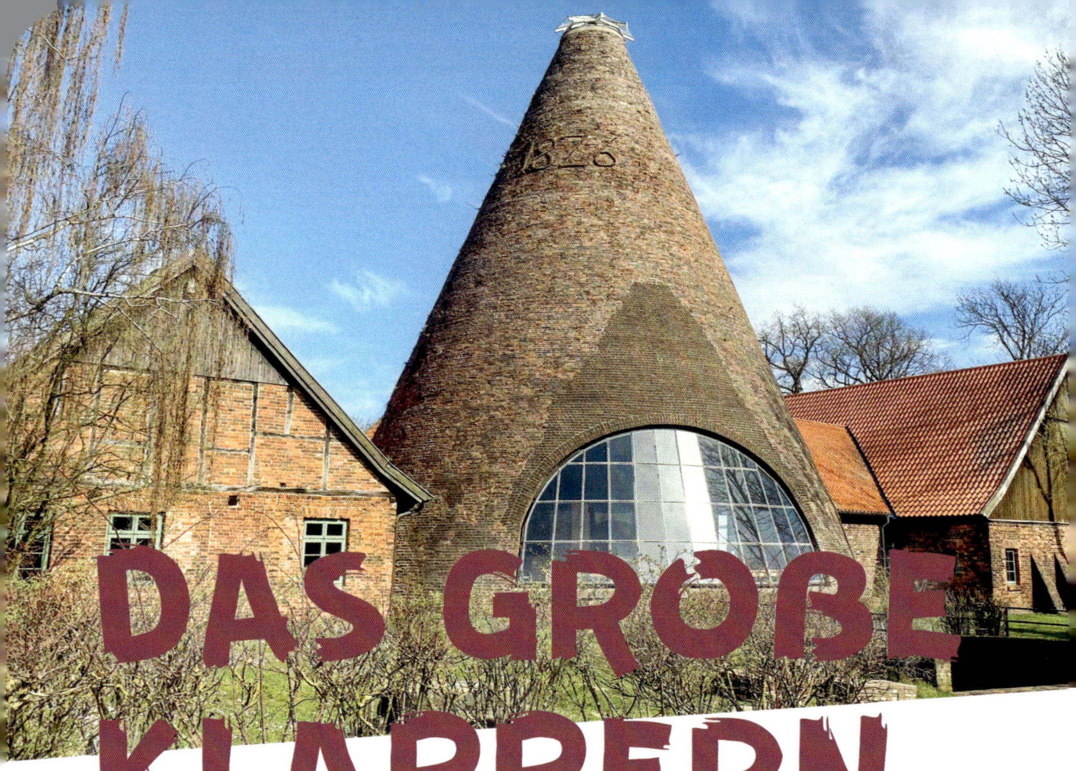

DAS GROßE KLAPPERN

... auf Storchen-Safari bei Petershagen

#43

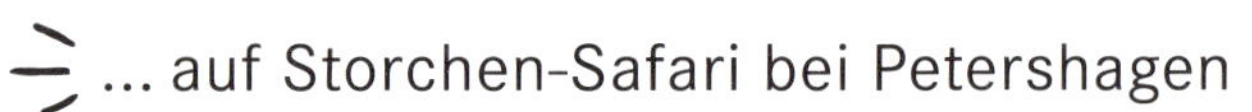

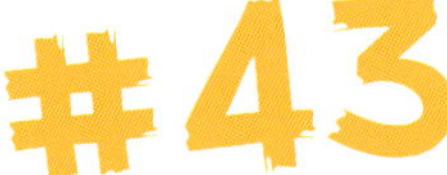

Wenn die Weißstörche im Frühjahr aus dem Süden zurückkehren, beginnt ihre Brutzeit. Entlang der saftig grünen Weserauen lassen sich die Zugvögel besonders zahlreich beobachten. Urige Dörfer mit alten Fachwerkhäuschen, Kirchen und Mühlen gibt's bei dieser Radtour übrigens noch obendrauf.

#hörmalwerdaklappert #Nestbau #Weserauen #RastimKnast

→ MINIURLAUB …

Zeit für Zweisamkeit: In Windheim lassen sich die Störche besonders gut im Liebesnest beobachten.

Den Titel »Storchen-Hauptstadt Nordrhein-Westfalens« trägt Petershagen mit Stolz. Denn während der Bestand der Weißstörche bis um 1900 stark zurückgegangen war, konnte ihr endgültiges Aussterben durch zahlreiche Maßnahmen verhindert werden. Allein 2018 nisteten wieder 26 Paare in der Region. Tendenz steigend. Wer die etwa 46 Kilometer lange Storchenroute an der Weser entlangradelt, kann sich auf große Storchen-Safari begeben und Meister Adebar beim Nestbau, Turteln oder Brüten beobachten.

Startpunkt ist das Alte Amtsgericht in der Altstadt von Petershagen. Dieses ist vor allem bekannt, weil hier ein Übernachtungserlebnis der besonderen Art geboten wird: Wo früher Hühnerdiebe und andere Strolche ihre Strafe absaßen, können Wanderer und Radler heute freiwillig eine »Nacht im Knast« verbringen. Außerdem thront auf dem Dach der ehemaligen Haftanstalt ein Horst. Und siehe da, ein weiß-schwarzer Bewohner mit langem orangen Schnabel lässt sich direkt entdecken. Na das geht ja schon mal gut los! Schnell die Ka-

mera gezückt, rangezoomt und abgedrückt. Zu stören scheint ihn das überhaupt nicht. Im Gegenteil, er posiert gekonnt. Ob der gute Storch wohl weiß, dass am Alten Amtsgericht eine Live-Webcam auf sein Nest ausgerichtet ist?

Weiter geht's entlang der ausgeschilderten Storchenroute in Richtung Großenheerse. Die Weser liegt dabei rechter Hand und bietet so eine gute Orientierungsmöglichkeit. Unterwegs lassen sich zahlreiche Horste entdecken. Es lohnt sich also, aufmerksam unterwegs zu sein, sonst würde man vielleicht spannende Naturschauspiele wie das Klappern verpassen: Um ein Weibchen anzulocken, legen Storchenmännchen den Kopf weit zurück und klappern lautstark mit dem Schnabel. Ein imposantes Balzritual, das auch heute von Erfolg gekrönt ist.

Erreicht man bei Schlüsselburg den nördlichsten Punkt der Route, überquert der Weg die Weser und es geht zurück zum Ausgangs-

---

Hin & weg: Der RE 78 bringt Radfahrer zum Bahnhof Petershagen im Ortsteil Lahde. Von dort am besten die 9,8 km mit dem Fahrrad zum Alten Amtsgericht. Der Weser-Bus (Linien 500/501) fährt bis Haltestelle Rathaus/Marktplatz Petershagen, die Radmitnahme ist grundsätzlich möglich.

Beste Zeit: Die Brutzeit der Weißstörche ist zwischen März und Juni.

Dauer & Strecke: 2 Tage, 1 Nacht. Wer die 46 km aufteilen möchte, bleibt länger.

Ausrüstung: Fahrrad/E-Bike, Teleobjektiv, Fernglas, Proviant.

Wenn es Nacht wird: Der Campingplatz Lahde liegt auf einer Halbinsel in der Weser (www.campingplatz-petershagen.de). Abenteuerlustige übernachten im alten Gefängnis Petershagen (www.rast-im-knast.eu).

Hach, welch Landidyll – ein Radweg für Romantiker.

punkt. Natürlich gibt es auch auf dieser Strecke zahlreiche Horst-Hotspots zu entdecken, auf der hübschen weißen Heimser Mühle oder dem ehemaligen Molkereischornstein in Döhren zum Beispiel. Wer unterwegs hungrig geworden ist, legt eine verdiente Pause im Café Windheim No2 ein (www.windheimno2.de), einem denkmalgeschützten Fachwerkhaus, in dem sich auch das Westfälische Storchenmuseum befindet.

Am nächsten Tag bietet sich ein ausgiebiger Spaziergang durch das EU-Vogelschutzgebiet Weseraue bei Windheim an – die wunderschöne Landschaft ist nicht nur für Wat- und Wasservögel ein Eldorado. Auch für einen Besuch im Westfälischen Storchenmuseum ist nun Zeit, denn dieses lockt mit allerlei spannenden Infos und Ausstellungsstücken rund um die Langstreckenflieger.

Tipp: Da das Handy-Netz vielerorts schlecht ist, sollte man sich Route und Umgebungskarte vorab als Offline-Version herunterladen.

FAZIT: EINE TRAUMHAFT SCHÖNE RADROUTE. DIE STORCHENSICHTUNG IST HIER DAS I-TÜPFELCHEN.

WASSER, WALD UND WILDNIS

#44

Das klare Wasser fließt über den hellen, geriffelten Sand. Über dem Bach liegen einige umgefallene Bäume. Im Furlbachtal lässt man der Natur einfach ihren Lauf. Das macht diesen Ort so malerisch. Und übernachtet wird ganz außergewöhnlich im Schlaffass.

#unterschätzteSenne #Schluchterlebnis #überWurzelpfade #abinsFass

Der Furlbach mit seinem ursprünglichen Verlauf ist einer der schönsten Sennebäche. In der Region gilt er dank seiner Wasserqualität und seines Artenreichtums als eines der besten Gewässer. Bei Augustdorf, wo der Bach entspringt, und Schloß Holte-Stukenbrock hat er sich tief in den Sennesand eingegraben. Er fließt hier durch eine Schlucht, das Furlbachtal. Auf einem Rundweg durch das Gebiet spaziert man stellenweise auf schmalen Pfaden zehn Meter oberhalb des Bachlaufes. Andernorts verläuft der Weg direkt unten am Wasser.

Ein guter Ausgangspunkt für die Wanderung ist der Mittweg in Schloß Holte-Stukenbrock. Dann geht's immer den Hinweisschildern »Romantisches Furlbachtal« nach. An der Gabelung am besten links halten, so wartet der schönste Teil der Strecke am Ende der Runde.

Der bunt schillernde Eisvogel, der auf den Wegweisern zu sehen ist, lebt tatsächlich am Furlbach. Er gräbt Bruthöhlen in die steilen Wände des Ufers und fischt mit seinem starken Schnabel kleine Fische aus dem Wasser.

Eine runde Sache: das gemütliche Schlaffass.

Mit etwas Geduld erblickt man ihn vielleicht. Der Spaziergang führt zunächst durch einen naturbelassenen Eichen- und Buchenwald. Dann folgen Au- und Moorwälder mit Erlen und Birken. Irgendwann zweigt ein kleiner Pfad nach links zu Tümpeln ab. Die Bentteiche, die schwarz und etwas geheimnisvoll daliegen, entstanden, als im Moor Ton für die Herstellung von Ziegeln abgebaut wurde.

Wieder auf dem Rundweg erreicht man eine alte Brücke, an der einst die Tütgenmühle stand. Heute befinden sich hier nur noch die Reste des alten Mühlrades. Ab hier verläuft der verwurzelte Pfad parallel zum Furlbach und durch die Schlucht. Am Wasser wachsen Buchen, Eichen und Birken, auf den Hügeln, den sogenannten Binnendünen, stehen hohe Kiefern. Die umgekippten Bäume, die über dem Bachlauf liegen, verstärken das ostwestfälische Urwald-Feeling.

Hin & weg: Parkplätze gibt es am Mittweg in Schloß-Stukenbrock. Wer in der Gegend gerne Radtouren unternehmen möchte, steigt mit seinem Rad einfach in die Sennebahn, die aus Paderborn oder Bielefeld bis nach Hövelriege fährt. Von dort sind es 4,5 km bis zum Mittweg und etwa 3 km bis zum Campingplatz. Auch die Buslinie 346 von Paderborn oder Bielefeld Senne fährt in Richtung Furlbachtal. Haltestelle Safaripark.

Beste Zeit: Im Sommer, wenn alles grünt.

Dauer & Strecke: Für die 6,1 km braucht man ca. 1,5 Std reine Laufzeit.

Ausrüstung: Auf den teilweise recht steil ansteigenden Pfaden sind feste Schuhe sinnvoll.

Wenn es Nacht wird: Auf dem Campingplatz am Furlbach kann man zu einem günstigen Preis in Schlaffässern übernachten (www.campingplatzamfurlbach.de).

Tipp: Für Genießer ist das Restaurant Spieker in Hövelhof-Riege die richtige Adresse, mit guter Küche und regionalen Spezialitäten (www.gasthaus-spieker.de). In Hövelhof gibt es eine empfehlenswerte Eisdiele (www.eis-gipfel.de).

Anschließend wartet auch schon das nächste Highlight: Eine Nacht im Fass! Urig, gemütlich, außergewöhnlich träumt es sich noch einmal zurück in den Urwald. Und hat man am Furlbach ausreichend Eindrücke gesammelt, kann man sich zum Beispiel mit dem Rad auf den Weg durch die Moosheide machen, was besonders zur Heideblüte sehr sehenswert ist.

FAZIT: NICHTS WIE HIN! OSTWESTFÄLISCHE WILDNIS UND EINE NACHT IM FASS DARF MAN AUF KEINEN FALL VERPASSEN.

PLATTES LAND

... an der Ems nach Rietberg

Immer weiter treten, die Räder rollen und die Wiesen und Felder fliegen vorbei. Das kleine Fachwerkstädtchen Rietberg liegt inmitten grüner Natur und praktischerweise in einem Netz aus tollen Radwegen. Zudem kann man dort märchenhaft übernachten.

#fürVogelliebhaber #rollendinsGlück #Entspannungpur #schönistdieEms

→ MINIURLAUB ...

Das Landesgartenschaugelände in Rietberg hat viel zu bieten.

So schnell, wie die flache Landschaft vorbeizieht, so schnell vergeht die Zeit auf dieser Tour. Die etwa 60 Kilometer sind ein Kinderspiel, denn Steigungen gibt es kaum. In Paderborn rollt man los. Über Schloss Neuhaus mit seinem Barockgarten, den Lippesee und Delbrück wird schließlich Rietberg erreicht. Hinter Delbrück verläuft die Route auf einer alten Bahntrasse, wo große Bäume Schatten spenden. Die Wege sind angenehm und wie gemacht fürs Radfahren. Sie führen durch kleine Wäldchen, Birkenalleen und über Wiesen. Mehrere Naturschutzgebiete liegen auf der Strecke. Kurz vor Rietberg trifft man erstmals auf die Ems und die Feuchtwiesen der Emsniederung. Hier brüten unter anderem die seltene Uferschnepfe, der Kiebitz oder der Große Brachvogel. Kraniche machen einen Zwischenstopp auf ihrer Reise. Über die Emsniederung erreicht man die Rietberger Fischteiche, die ebenfalls unter Naturschutz stehen. Von einem Aussichtsturm überblickt man die Wasserflächen und das weite Grün.

Rietberg ist das Zwischenziel der Tour. Hier kann man in einem Hexenhäuschen auf dem

ehemaligen Landesgartenschaugelände die Nacht verbringen und so gratis den Park entdecken. Neben üppig bepflanzten Blumenbeeten und einer Staudengalerie gibt es einen großen See mit Tretbooten, Spielplätze, einen Barfußpfad und eine Kletteranlage.

Wer vom Radeln nicht genug bekommen kann, macht einen kleinen Abstecher auf dem Rad nach Rheda-Wiedenbrück und kehrt zum Schlafen in den Gartenschaupark zurück.

Am nächsten Tag geht es zunächst wieder durch die Emsniederung, dann aber verlässt man den bekannten Weg und fährt weiter über den Ems-Rad-Weg Richtung Steinhorster Becken, das nächste Vogelschutzgebiet. Auch hier lohnt sich ein Blick durchs Fernglas und das Erklimmen des Aussichtsturmes. Schließlich heißt es Endspurt. Über asphaltierte Feldwege rollt man vorbei an Fachwerkhäusern und alten Bauernhöfen immer weiter Richtung Hövelhof – vollgetankt mit grünen Eindrücken.

Hin & weg: Vom Paderborner Hauptbahnhof geht es los. Endpunkt ist der Bahnhof in Hövelhof, von wo die Bahn in Richtung Bielefeld oder Paderborn fährt.

Beste Zeit: Frühling, Sommer und Herbst.

Dauer & Strecke: Die knapp 60 km könnte man an einem Tag absolvieren, aber Rietberg und sein Gartenschaupark sind sehenswert und ein Abstecher nach Rheda-Wiedenbrück lohnt sich auch. Und wer kann einer Nacht im Hexenhäuschen schon widerstehen?

Ausrüstung: Fernglas zum Vogelbeobachten und ein einfaches Rad.

Wenn es Nacht wird: Infos zum Hexenhäuschen und Campingpods unter www.rietberg.de/tourismus.html oder direkt bei der Touristikinformation Rietberg erfragen.

Der historische Ortskern von Rietberg mit seinen restaurierten Fachwerkhäusern ist einen Besuch wert.

Tipp: Wen der Hunger überkommt, der kann ins 1643 (www.1643-rietberg.de) einkehren. Es versteht sich als modernes Wirtshaus und bietet abwechslungsreiche Speisen. Mit tollem Kuchen im Fachwerkhaus lockt das Café Münte in der Müntestraße 2.

FAZIT: GRÜN, GRÜN, GRÜN IST ALLES, WAS ICH SEHE. MEHR ENTSPANNUNG ALS AUF DIESER ROUTE KANN MAN NICHT ERRADELN.

VON FALL ZU FALL

#46

Auf dem Patensteig im Extertal geht's ziemlich bunt zu. Zahlreiche handgemalte Wegweiser zieren die Wanderroute, die dank engagierter Naturfreunde entstand. Sie wollen schützen, was ihnen am Herzen liegt – ihre Heimat. Das Ergebnis kann sich sehen lassen und macht Lust zum Nach- und Mitmachen.

#einHerzfürdieHeimat #leisesRauschen #zusammenGutestun

Bereits am Wanderparkplatz wird man von farbenfrohen Kunstwerken begrüßt. Entstanden sind sie beim Projekt »Kunst am Patensteig«, das 2012 startete. Bis auf die vorgegebene Größe der Schilder sind der Fantasie bei der Gestaltung keine Grenzen gesetzt. Viele kleine und große Künstler beteiligten sich an der Aktion und so zieren bereits über 50 Kunstwerke den Wegesrand. Weitere sind in Arbeit.

Instand gehalten und weiterentwickelt wird der Patensteig vom Patensteigteam, einer privaten Initiative Extertaler Natur- und Wanderfreunde. Sie wollen Landschaft und Natur ihrer Region schützen und für die Folgegenerationen bewahren. So auch den etwa sechs Kilometer langen Wanderweg, der drei Wasserfälle verbindet und zu den abwechslungsreichsten Rundwanderwegen in Lippe zählt.

Linker Hand beginnt das Abenteuer, festes Schuhwerk ist auf diesem Wanderweg unabdingbar, denn man überquert Bäche auf Tritt-

---

Hin & weg: Der Wanderparkplatz befindet sich an der Straße Im Siek in Extertal-Meierberg.

Beste Zeit: Ganzjährig, in der regenreichen Saison sind die Ausblicke auf die Wasserfälle besonders reizvoll. Auch im Winter lohnt sich ein Besuch, nämlich dann, wenn das Wasser zu Eis gefriert und sagenhafte Formen bildet. Am Wochenende kann es am Patensteig sehr voll werden.

Dauer & Strecke: Rund 2 Std. und 6,6 km, mit Picknickpause und Lesen der Infotafeln mehr.

Ausrüstung: Festes Schuhwerk, Proviant.

Wenn es Nacht wird: Bullerbü-Feeling der besonderen Art gibt es im Ferienpark Extertal (www.ferienpark-extertal.de). Hier stehen farbenfrohe Holzhäuser mit Sauna und Kamin für die Gäste bereit. Eine nette Alternative für Schwedenfans.

Machen gute Laune: die farbenfrohen Wegweiser am Patensteig.

steinen, Zäune auf Stiegen und Schluchten auf kleinen Treppen. An diesem Frühlingstag plätschert nur wenig Wasser die Fälle hinab, ein Phänomen, das wegen des Klimawandels immer häufiger auftritt. Trotzdem ist das Flair des Rundweges märchenhaft, denn er führt durch wildromantische Bachtäler und schattige Wälder. Hinzu kommen das mystische Schauspiel aus Licht und Schatten und all die historischen Relikte mit ihren Sagen, die sie umgeben. Da ist zum Beispiel die Feenquelle, an der in der Frühgeschichte kultische Riten praktiziert wurden. Denn Quellen galten früher als Sitz von Göttern oder mythischen Wesen. Das Benetzen der Augenlider mit dem Wasser der Feenquelle soll bei Augenleiden helfen - so zumindest besagt es die Legende. Also, hingehockt, beherzt hineingegriffen ins Dunkel und ausprobiert. Bleibt nur die Frage offen, ob Kurzsichtigkeit als Augenleiden gilt ...

Wer sich gegen Ende der Runde von der Muse geküsst fühlt, lässt sich auf der Dichterbank nieder, die auf einem Hügel thront. Einst saß dort der Heimatdichter Wilhelm von Hase und schrieb seine Werke nieder. Damals hatte er von »seinem« Berg noch einen ungestörten Blick ins Gersiekbachtal und ins Tal der Exter, heute zählt die Extertalstraße L 758 leider auch dazu. Trotzdem lohnt sich der Aufstieg, denn oben warten leere Seiten darauf, befüllt zu werden. Das Besondere: Alle Werke, die die Wanderer vor Ort hinterlassen, können später auf der Website von Marketing Extertal (www.marketing-extertal.com) gelesen werden.

Am nächsten Tag bietet sich eine Wanderung auf der zwölf Kilometer langen Wilddiebesroute an, die den Spuren der berüchtigten Silixer Wilddiebe und Holzfrevler folgt.

FAZIT: INSPIRIEREND UND ABWECHSLUNGSREICH – KEIN WUNDER, DASS DER PATENSTEIG SO BELIEBT IST. WER KANN, MEIDET DAS WOCHENENDE, DAMIT'S NICHT ZU VOLL WIRD.

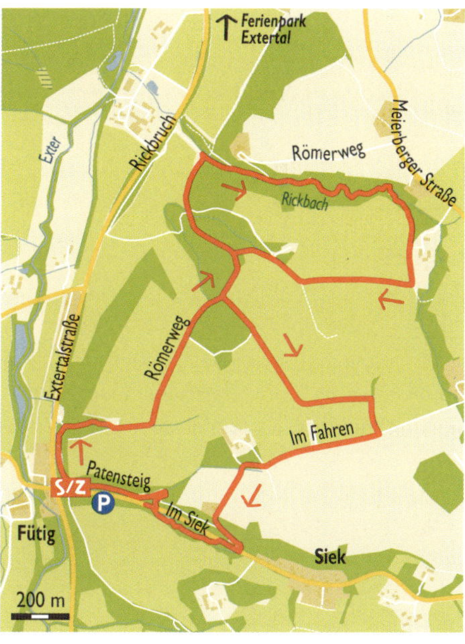

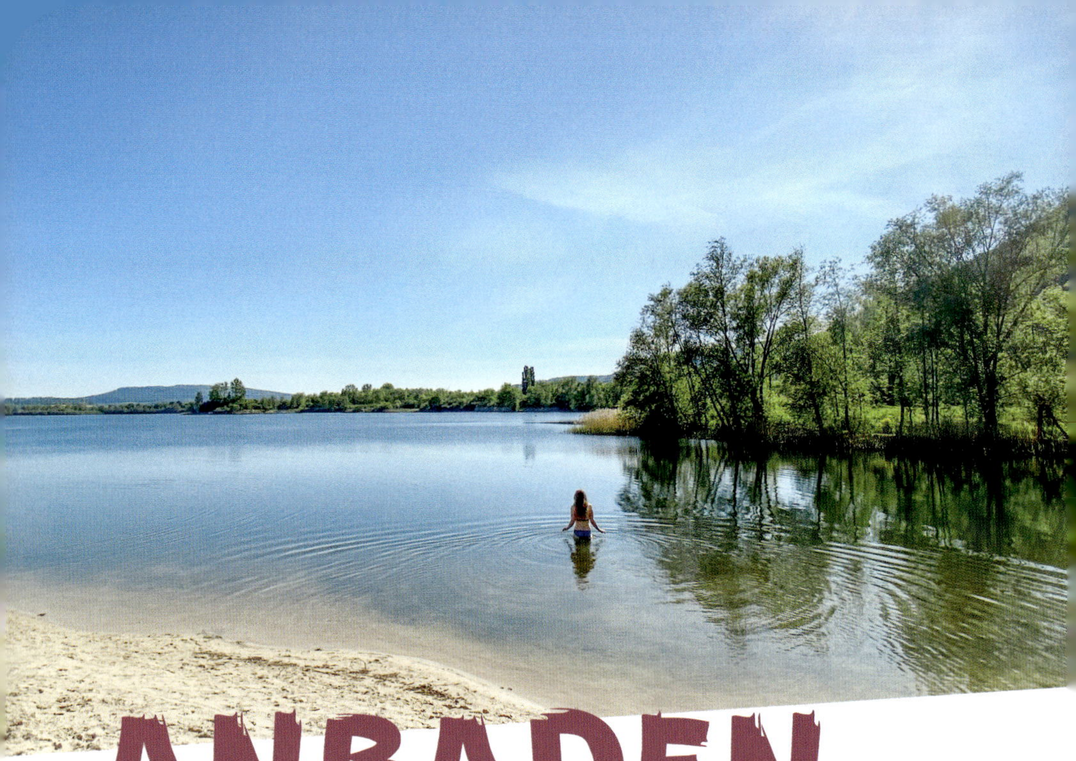

ANBADEN

… im Godelheimer See

#47

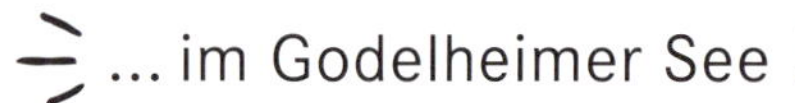

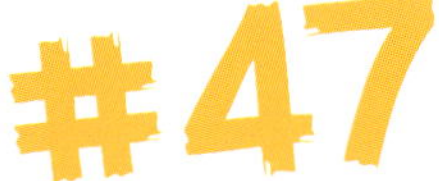

Dann kommen, wenn die anderen noch nicht da sind – das ist immer eine gute Idee. Vor allem, was Seen im Sommer betrifft. Zugegeben, im Mai ist das Wasser noch ziemlich kalt, dafür hat das »Anbaden« dann seinen ganz eigenen Wow-Effekt: Glücksgefühle sind dabei garantiert.

#nichtsfürWarmduscher #TagamSee #lifeisbetteratthebeach #Glücksgefühle

Einen See ganz für sich allein. Wer zur richtigen Uhrzeit kommt, hat gute Chancen.

→ MINIURLAUB …

Der goldgelbe Strand ist herrlich leer, vor einem liegt der glitzernde See. Was für ein verlockender Anblick, wo die Maisonne gerade erste Schweißperlen auf die Stirn treibt. Vorsichtig fühlt der nackte Fuß vor, das Wasser ist eisig, deutlich kälter als gedacht. Mehr als zehn Grad werden es nicht sein. Zweifel kommen auf: Ob das mit dem Anbaden eine gute Idee war? Jetzt bloß nicht zu viel nachdenken. Wann hat man schon mal einen ganzen See für sich allein?!

Schnell sind Strandtasche, T-Shirt und Jeans abgelegt, der Bikini ist drunter, es gibt also keine Ausrede mehr. Langsam ins Wasser gewatet, kurz erstarrt. Der magische Moment ist gekommen, in dem man sich plötzlich selbst überrascht: Man tut es einfach, man schwimmt. Etwa drei bis vier Züge, bis nur noch Kälte zu spüren ist. Nichts wie raus! Bereits auf dem Weg zum Ufer setzt das Kribbeln ein, es durchströmt den ganzen Körper, gefolgt von warmen Wellen und einem großen Glücksgefühl, das einem ein Dauergrinsen ins Gesicht zaubert. Kein Wunder, denn durch den Kälteschock setzt der Körper Adrenalin und Endorphine frei. Nach dem Anbaden fühlt man sich wie neu geboren, lebendig und ziemlich wach. Raus aus den nassen Badesachen, rein ins kuschlig warme Handtuch. Ein paar

Bunte Blockhütten, ein Beach-Ball-Set und blaues Wasser – das ist Summerfeeling pur.

Bäume bieten Sichtschutz beim Umziehen, Umkleiden gibt es auch. Zeit, das gute Gefühl so lange wie möglich nachwirken zu lassen und diesen Moment mit sich und dem See allein. Lesend, dösend oder einfach auf dem Steg sitzend und auf den See schauend. Denn mit den letzten Wassertropfen, die langsam auf der Haut verdunsten, verschwindet auch die Ruhe. Nach und nach treffen die anderen Sonnenhungrigen ein. Kinder gehen mit Keschern auf Exkursion, eine Großfamilie picknickt, eine kleine Gruppe von Studenten prostet sich zu. Die Atmosphäre ist ausgelassen und fröhlich. Fühlt sich fast wie Sommer an, aber nur fast, weil sonst niemand baden geht.

Wer hungrig wird und nichts dabeihat, wartet bis die Beachbar am Ufer gegenüber öffnet (www.strandgut-hoexter.com). Ist das schon Bali oder noch Höxter-Godelheim? Egal, es ist einfach wunderschön. Hübsche Makramee-Hänger treffen auf lächelnde Buddha-Statuen und dann ist da noch der weite Blick auf den See, die Felder und Wälder. Im Hintergrund

---

Hin & weg: Ab Paderborn Hauptbahnhof mit der NWB in 46 Min. bis Höxter-Godelheim. Der Parkplatz an der Freizeitanlage Höxter-Godelheim ist kostenpflichtig.

Beste Zeit: Frühjahr. Sommer geht auch, dann wird's allerdings schwieriger mit dem Alleinsein.

Dauer: 2 bis 3 Tage.

Ausrüstung: Mut, Schwimmsachen, Sachen zum Wechseln, Sonnenschutz, Proviant.

Wenn es Nacht wird: Beim nahegelegenen Wesercamping Höxter gibt's bunte Blockhütten, einen eigenen Bootsanleger und einen Kanuverleih (www.wesercamping-hoexter.de).

Lädt zum Verweilen ein: die Beachbar am Godelheimer See.

erklingen sanfte Chill-out-Sounds. Welch ein passender Ausklang für diesen Strandtag! Am nächsten Morgen bietet sich eine Kanutour über die Weser an, zahlreiche Ausleihmöglichkeiten und Anlegestellen sind vorhanden. Oder man radelt den Weser-Radweg entlang, der unter anderem in die Altstadt von Höxter mit ihren restaurierten Fachwerkhäusern führt, auch das UNESCO-Weltkulturerbe Schloss Corvey (www.schloss-corvey.de) liegt nicht weit entfernt. Wanderlustige erklimmen die Weserhänge und den Rodeneckturm, er bietet einen einmaligen Blick in das Wesertal und auf die Godelheimer Seen.

FAZIT: KOSTET NICHTS AUßER ÜBERWINDUNG. LOHNT SICH ABER DEFINITIV.

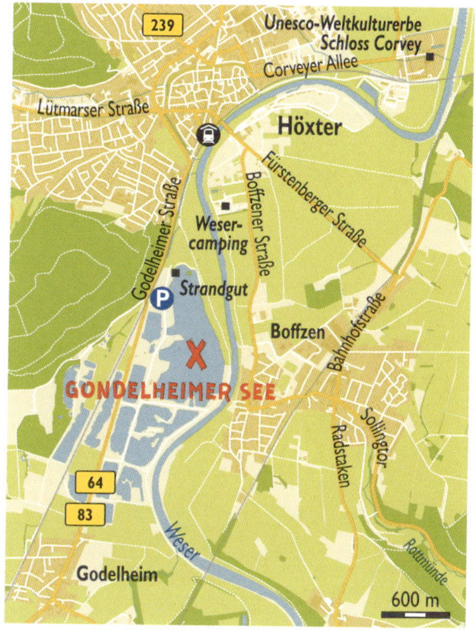

ALTER FALTER

... Schmetterlingsbeobachtung in Willebadessen

#48

Man muss nicht weit reisen, um mediterranes Flair zu genießen. Es lässt sich auch in OWL finden: In Willebadessen zum Beispiel, wo Schafe unter urig gewachsenen blühenden Apfelbäumen grasen und ein aromatischer Duft von wilden Kräutern in der Luft liegt. Willkommen im Reich der Schmetterlinge!

#imFalterFlow #vonBlumezuBlume #fabelhaftflatterhaft #Artenvielfalt

Das Symbol des sehr seltenen Kreuzenzian-Ameisenbläulings führt durch den Schmetterlingspfad in Willebadessen.

Spätestens im Mai beginnt das große Flattern. Admiral, Schwalbenschwanz, Tagpfauenauge und Co. läuten die schönste Zeit des Jahres ein. Schillernd fliegen sie von Blüte zu Blüte, um sich am nahrhaften Nektar zu laben. Ein faszinierend farbenfrohes Schauspiel, das rar geworden ist, denn etwa 80 Prozent der beheimateten Tagfalter gelten in Deutschland als gefährdet. Zu viele Blumen- und Bergwiesen mussten den Monokulturen der Landwirtschaft, Verkehrsprojekten, Siedlungen oder Gewerbegebieten weichen. Aber auch globale Bedrohungen wie der Klimawandel und die zunehmende Belastung der Luft mit Stickstoff machen den Insekten zu schaffen.

Der Schmetterlingspfad Willebadessen ist da ein willkommenes Refugium: Über 50 Tagfalter lassen sich hier mit etwas Glück entdecken. Darunter sind auch sehr selten gewordene Exemplare wie der Kreuzenzian-Ameisenbläuling, dem der Pfad mit dem Motto »Auf den Spuren des Bläulings« gewidmet ist. Der Pfad ist Teil des über zwölf Kilometer langen Hitgenheier-

wegs, diesen zu wandern lohnt sich übrigens nicht nur für Schmetterlingsfans, er ist auch rein landschaftlich ein Genuss.

Los geht's am Wanderparkplatz. Hinter der Info-Tafel, die ein großes Mosaik des Bläulings ziert, schlängelt sich der Weg den Kamm hinauf. Oben angekommen, bietet sich zu beiden Seiten ein toller Weitblick, linker Hand auf die historische Stadt Willebadessen mit ihrem Schloss, rechter Hand sieht man ein paar Windräder und Natur pur. Abertausende Blüten zieren den Wegesrand.

Die flatterhaften Falter abzulichten gestaltet sich gar nicht so einfach, kaum sind sie gelandet, setzen sie bereits wieder zum Flug an. Es empfiehlt sich, viel Zeit mitzubringen, um das bunte Treiben auf sich wirken zu lassen. Hölzerne Sonnenliegen laden zum Verweilen ein. Hoch oben im Baum trällert ein leuchtend gelber Goldammerhahn sein Lied und hofft, damit ein Weibchen zu verzaubern. Über den

---

Hin & weg: Parkplatz am Schleusenberg, Fölsener Straße. Mit der RB 89 von Paderborn Hauptbahnhof bis zum Bahnhof Willebadessen.

Beste Zeit: Von Mai bis August. Um den seltenen Kreuzenzian-Ameisenbläuling zu beobachten, kommt man am besten zwischen Mitte Juni und Mitte Juli, dann befinden sich die geschlüpften Falter auf Brautschau.

Dauer & Strecke: Tag 1: mit Pausen und Schmetterlingsbeobachtung 5 bis 6 Std., ca. 12,4 km. Tag 2: je nach Lust & Laune.

Ausrüstung: Gutes Schuhwerk, ein Fernglas, Kamera mit Teleobjektiv, ein Bestimmungsbuch, Proviant.

Wenn es Nacht wird: In der barocken Klosteranlage des ehemaligen Benediktinerinnenklosters befindet sich heute unter anderem ein Wohlfühlhotel (www.hotel-im-schlosspark.de).

Abtauchen in eine andere Welt: In Deutschland gibt es etwa 3700 Schmetterlingsarten. Nachtfalter, Motten und Holzbohrer zählen auch dazu.

Feldern lassen sich Feldlerchen beobachten, die zitternd in der Luft schweben, bevor sie sich plötzlich pfeilschnell zu Boden stürzen. Ihr rollender Ruf ist unverkennbar. Und dann sind da noch die Schafe, die im Tal unter weißrosa blühenden Apfelbäumen grasen. Spätestens jetzt kommt mediterranes Flair auf. Sieht ein wenig aus wie zur Mandelblüte auf Mallorca, ist aber Willebadessen in Ostwestfalen. Auf etwa der Hälfte der Strecke liegt die Eggequelle. Sie ist der ideale Ort für eine kleine Rast. Das kühle Wasser kann direkt abgefüllt und verköstigt werden. Hach, so eine Pause, mit dem entspannten Plätschern des Wassers im Hintergrund, ist schon was Feines! Als weitere Highlights des Weges folgen ein Wildgehege, das Schloss und Kloster Willebadessen sowie die Vituskapelle. Wer mag, kann diese am nächsten Tag ausführlich erkunden.

FAZIT: AUF FALTER-FOTOJAGD GERÄT MAN VÖLLIG IN DEN FLOW. UND DAS IST HERRLICH ENTSPANNEND.

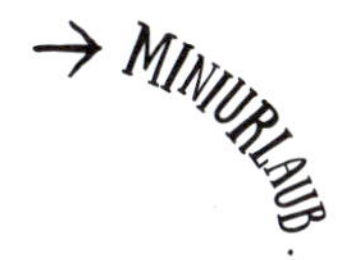

STADT, LAND, FLUSS

#49

Die alte Hansestadt im Lipperland ist eine kleine Perle. Hier gibt es repräsentative Architektur, Fachwerkhäuser, ein Schloss, einen Fluss und im Grünen drumherum lässt es sich herrlich wandern.

#alteHansestadt #überallSchönes #wiegemalt #perfekterMix

Aufwendige Fassaden bestaunen, durch Gassen bummeln, am Fluss sitzen und Kaffee trinken. Lemgo ist der perfekte Ort für einen Kurzurlaub. Mittwoch- und Samstagvormittag ist die Innenstadt besonders belebt, dann werden auf dem historischen Marktplatz Obst, Gemüse und andere Lebensmittel verkauft. Das ist einen Besuch wert. Was sich außerdem lohnt: eine Stadtführung. Denn die alte Hansestadt, die Ende des 12. Jahrhunderts gegründet wurde, hat einiges an Geschichten und Geschichte zu bieten. Tortenfreunde sollten unbedingt im Café Mia (www.cafemia-lemgo.de) vorbeischauen, in dem sympathischen Lokal gibt es himmlische vegane Kreationen.

Über mehrere Jahrhunderte war Lemgo die bedeutendste Stadt in der Grafschaft Lippe – dank florierendem Handel und Handwerk. Ein dunkles Kapitel ist dagegen die Hexenverfolgung, die in der Stadt vor allem im 17. Jahrhundert enorme Ausmaße annahm. Davon zeugt das Hexenbürgermeisterhaus, in dem das Stadtoberhaupt Hermann Cothmann wohnte. Er galt als Hexenjäger. Heute befin-

---

Hin & weg: Lemgo hat einen Bahnhof.

Beste Zeit: Selbst bei schlechtem Wetter kann man in Lemgo viel erleben. Wer ein Wochenende bleiben will, sollte aber den Sommer oder Herbst wählen.

Dauer & Strecke: 2–3 Tage kriegt man locker rum. Für die erwähnte 13,5 km lange Wanderung auf den Windelstein braucht man ca. 3 Std.

Ausrüstung: Für die Wanderung empfiehlt sich festes Schuhwerk.

Wenn es Nacht wird: Günstig und naturnah schläft man auf dem sympathischen Kastanienhof (www.kastanienhof-lemgo.de). So gibt es dort etwa ein Bett im Pferdeanhänger oder im bunt bemalten Bauwagen. Ziegen, Schafe und Ponys grasen nebenan.

Auf dem Kastanienhof gibt es Schafe zum Anfassen.

det sich in dem Gebäude ein Museum, das über die Geschichte der Stadt und die des Hauses informiert.

Einladend sind die Terrassen an dem Flüsschen Bega, die unweit des Langenbrücker Tors angelegt wurden. Auf den Steinen sitzend kann man auf den Fluss schauen oder sich im Wasser die Füße kühlen. An der Bega entlangspazierend, wird der Abteigarten mit seinen alten Bäumen Richtung Schloss Brake durchquert. Vom Schloss aus führt einen die Bega anschließend weiter an das Café Walkenmühle, das sich direkt am Fluss und am Rande eines Naturschutzgebietes befindet. Weniger als einen Kilometer vom Schloss entfernt liegt außerdem das einzigartige Junkerhaus mit auffälligen Holzschnitzereien. Ein eigenwilliger Künstler erdachte es um 1900.

Wer all das gesehen hat, kann sich nachts von den vielen Eindrücken erholen, um am nächsten Tag in den Norden von Lemgo aufzubrechen. Hier liegt der Stadtwald, und Wanderlustige sind hier bestens aufgehoben. Es bietet sich eine ausgedehnte Runde an, ausgehend von den Försterteichen, die mitten im Wald liegen. Sie lassen sich gut mit der höchsten Erhebung Lemgos verbinden, dem Windelstein. Am südlichen Rand des Stadtwaldes kehrt man wieder zurück – immer mit Blick auf die alte Hansestadt Lemgo. Toll ist auch das letzte Stück über hölzerne Stege durch den Auenwald am Radsieksbach. Lemgo hält einfach an allen Ecken etwas Schönes bereit.

FAZIT: WER MALERISCHE ORTE MAG, WIRD LEMGO LIEBEN.

WIE ANNO DAZUMAL

Romantiker aufgepasst: Rund ums schöne Kloster Dalheim kann man nicht nur wunderbar wandern und sich auf die Spuren des klösterlichen Lebens begeben, sondern auch in einem ausgebauten Schäferwagen übernachten. Wenn das kein Erlebnis ist!?

#Mikroabenteuer #schönhier #ungewoehnlichübernachten #romantisch

Saftig grüne Wiesen und Auen, sich schlängelnde Bäche, alte Kapellen, die noch heute Pilger anlocken – im Sintfeld kommen Wanderer voll auf ihre Kosten. Die Wegschleife um das Kloster Dalheim ist landschaftlich besonders reizvoll. Startpunkt ist das ehemalige Augustiner-Chorherrenstift Dalheim (www.lwl.org/LWL/Kultur/kloster-dalheim), das in der Barockzeit zu den schönsten Klöstern im Paderborner Land zählte. Heute beherbergt die Anlage mit spätgotischem Kern das LWL-Landesmuseum für Klosterkultur, das gegen eine Gebühr besucht werden kann. Folgt man den Rundwanderwegen in südlicher Richtung, kann man rechter Hand über die alte mit Efeu umrankte steinerne Mauer des Klosters schauen. Und das lohnt sich definitiv, denn im Inneren der Anlage befindet sich ein wunderschöner terrassenförmiger Konventgarten mit mehreren Springbrunnen, zahlreichen Obstbäumen und traditionell angelegten Heil-, Zier-, und Nutzpflanzen.

Danach beginnt eine abwechslungsreiche Landschaft mit Buchenwäldern, Teichen, Auen und Wiesen, auf denen weiße Schäfchen weiden. Es lohnt sich, leise zu sein, denn so lassen sich allerlei scheue Bewohner des Waldes beobachten. Ein Buntspecht greift sich laut krächzend eine Buchecker vom Boden und fliegt davon. Plötzlich raschelt es im Gebüsch, eine Herde Rehe verschwindet mit hohen Sprüngen im Wald. Langsam nähert sich die Sonne dem Horizont und lässt die niederen Blätter der Bäume in Gold erstrahlen.

Ein kurzer Halt beim Arboretum bietet sich an – dort gibt es besondere Baumarten zu bestaunen, so zum Beispiel den Urwelt-Mammutbaum. Wer hungrig geworden ist, macht kurz vor Ende der Route noch einen Abstecher zum Gasthaus am Königsweg (www.klosterwirtshaus-in-dalheim.de).

In diesem Namen steckt Geschichte, denn die Via Regia zählte im Spätmittelalter zu den bedeutendsten Handelsrouten, auf denen wichtige Waren transportiert wurden. Und so kamen schon früher allerlei Reisende, Pilger und Wanderer des Weges, um sich zu stärken. Man muss nicht unbedingt einkehren, um all die extravaganten Kunstwerke, die das Gasthaus umgeben, zu bestaunen. Auch im Kloster Dalheim selbst lässt es sich speisen: Das Klosterwirtshaus bietet vor allem traditionelle westfälische Küche und auch das Klosterbier,

Die Tour rund ums Kloster Dalheim kann je nach Lust und Laune verkürzt oder verlängert werden. Die Wanderwege A1 bis A5 machen's möglich.

das im Kellergewölbe der Anlage gebraut wird, kann verköstigt werden.

Am nächsten Tag bietet es sich an, den Ort Husen mit seinem Herrenhaus Burg Husen und dem Stausee genauer zu erkunden. Auch die historische Kapelle St. Annen ist einen Besuch wert, das barocke Kleinod liegt malerisch im Wiesental und zieht jedes Jahr – zum Annentag – zahlreiche Wallfahrer an. Im Frühjahr und Sommer lockt die große Streuobstwiese am Rand des Dorfes. Schautafeln deuten darauf hin, wie wichtig dieser Lebensraum für zahlreiche Tier- und Pflanzenarten ist.

FAZIT: SOWOHL NATURFANS ALS AUCH HISTORISCH INTERESSIERTE WERDEN BEI DIESER TOUR GLÜCKLICH.

Hin & weg: Von Paderborn aus mit der Linie R 82 Richtung Lichtenau. Ein kostenloser Parkplatz ist vorhanden.

Beste Zeit: Frühling, Sommer, Herbst.

Dauer & Strecke: 1. Tag: rund 3 Std. (ohne Pausen), 10 km; 2. Tag: je nach Lust & Laune.

Ausrüstung: Ein Fernglas, denn im Naturschutzgebiet Marschallshagen und Nonnenholz lassen sich mit etwas Glück unter anderem Raubwürger, Wiesenpieper, Eisvögel und Rotmilane beobachten.

Wenn es Nacht wird: Auf dem etwa 28 km entfernten Hof Happe-Schöler in Siddinghausen kann man so schlafen wie es die Wanderschäfer früher taten; und das ist Minimalismus par excellence. Der Schäferwagen steht auf einer Streuobstwiese, Romantik- und Abenteuerfeeling sind dabei inklusive (www.teutoburgerwald.de).

TANZ UM DEN VULKAN

... auf Expedition im Eggegebirge

Wer Entdeckerlust an den Tag legt und in Wanderstiefeln Horn-Bad Meinberg und seine Nachbargemeinden erkundet, trifft auf eine sich ständig wandelnde Landschaft und echte Überraschungen, wie zum Beispiel den vermutlich kleinsten Vulkan Deutschlands.

#fürEntdecker #ZeugnisderErdgeschichte #Heimatneuentdeckt

Ein Tagpfauenauge am Wegesrand.

→ MINIURLAUB ...

Während man über den zugewachsenen Trampelpfad marschiert, fühlt man sich ein wenig wie Indiana Jones. Ist das Ziel doch ein Relikt aus grauer Vorzeit und geschätzt zwischen 7 und 14 Millionen Jahre alt. Nur etwa 500 Meter vom Bahnhof in Sandebeck, wo die Tour beginnt, neben einem Sendemasten, liegt der nördlichste Vulkan Deutschlands. Streng genommen handelt es sich um einen Vulkanit, einen Vulkanembryo, denn die Lava brodelte nur im Erdinneren und schaffte es nicht an die Oberfläche. Deshalb bildet der Sandebecker Vulkan auch keinen typischen Vulkankegel aus, ist nur zehn Meter breit, aber immerhin 300 Meter tief. Im 19. Jahrhundert baute man hier Basalt für den Straßenbau ab. Doch da der Transport über das Eggegebirge zu mühsam war, legte man den Steinbruch schließlich wieder still.

Nur wenige hundert Meter entfernt vom Vulkan liegt das bewaldete Eggegebirge. Das steuert man über einen asphaltierten Weg schnurstracks an. Am Alten Forsthaus vor-

bei geht es immer weiter hinein in den Wald und immer weiter hinauf zum Preußischen Velmerstot, der höchsten Erhebung der Egge. Ist man Ende Juli unterwegs, erreicht man das Ziel mit einem Obstsalat im Bauch. Denn den Weg säumen Him- und Brombeeren und der Waldboden ist übersät mit Heidelbeeren.

Der Gipfel bietet wieder eine ganz andere Landschaft. Er ist überraschend felsig. Hier oben wachsen Birken, es geht ein leichter Wind und Grillen zirpen zwischen der Heide. Der Lippische Velmerstot ist mit seinen zerklüfteten Sandsteinfelsen sogar noch urwüchsiger und von hier in wenigen Wanderminuten zu erreichen.

Nun kann man sich vom Velmerstot in Richtung Naturfreundehaus In der Schnat aufmachen, um dort Quartier zu beziehen und am nächsten Tag beispielsweise das Silberbachtal zu erkunden, oder es wird der Rückweg

---

Hin & weg: Ausgangspunkt für diese Wanderung ist der Bahnhof in Sandebeck.

Beste Zeit: Frühling bis Herbst.

Dauer & Strecke: Für die 12,6 km sollte man etwa 3,5 Std. reine Laufzeit einplanen. Wer noch das malerische Silberbachtal sowie die Externsteine oder das Hermannsdenkmal erkunden will, kann locker 2–3 Tage in der Gegend verbringen.

Ausrüstung: Festes Schuhwerk und Proviant.

Wenn es Nacht wird: In Horn-Bad Meinberg befindet sich das Naturfreundehaus In der Schnat. Nur 15 Wanderminuten liegen zwischen der Unterkunft und dem Preußischen Velmerstot. Wer es rustikal und naturnah mag, findet dort einen günstigen Schlafplatz (www.naturfreunde.de/haus/naturfreundehaus-der-schnat). Direkt am Wanderweg bei Sandebeck liegt die Pension Altes Forsthaus, auch hier kann man für wenig Geld nächtigen (www.mbinner.de)

Der Aussichtsturm auf dem Preußischen Velmerstot.

über den Eggeweg angetreten. Der verläuft direkt hinter dem Preußischen Velmerstot erst einmal durch mannshohe Farne, die den Wanderer fast verschlucken. Dann durchquert man auf dem verwurzelten Pfad den Wald aus Tannen und Birken. Ein bisschen wehmütig, weil es hier oben so schön ist, verlässt man den Fernwanderweg wieder Richtung Tal und Sandebeck. Hier fährt dann entweder der Zug Richtung Heimat ab oder das Alte Forsthaus hält ein Bett bereit, damit es am nächsten Tag weitergehen kann mit der Erkundung. Schließlich sind auch die Externsteine nicht weit.

FAZIT: SEINE HEIMAT NOCH EINMAL NEU ENTDECKEN, DAS KLAPPT HIER GANZ WUNDERBAR.

Tipp: Regionale Bio-Kost, zum Teil aus geretteten Lebensmitteln, serviert das Café im Grünen neben dem Naturfreundehaus. Es ist allerdings nur am Wochenende geöffnet (www.cafeimgruenen.com).

DER WEG IST DAS ZIEL

… Probepilgern am Alten Pilgerweg

#52

Ein Schicksalsschlag, der Wunsch nach Selbstfindung oder einer bewussten Auszeit vom Alltag – es sind nicht ausschließlich religiöse Motive, die die Menschen heute zum Pilgern bewegen. Der Alte Pilgerweg lädt dazu ein, es einfach mal auszuprobieren.

#Pilgern #Achtsamkeit #FreeyourMind #Sinnsuche #Jakobsweg

Die Zahl der Pilgerer steigt seit Jahren stetig. Auch in Deutschland.

Die Reise zu sich selbst verbindet alle Pilger. Und doch ist sie immer individuell. Während das Pilgern früher vorwiegend religiös motiviert war, dient es heute auch der Orientierungssuche, dem Loslassen von Problemen und der Sehnsucht nach Einfachheit. Schon Hippokrates, der berühmte Arzt der Antike, wusste: »Gehen ist des Menschen beste Medizin«. Beim Pilgern wird der Weg zum Ziel.

Der Alte Pilgerweg in Paderborn eignet sich perfekt, um sich mit mit dem Thema vertraut zu machen, denn er folgt in weiten Teilen den Spuren der Wallfahrer, die über die Via Regia, einer seit dem Mittelalter bestehenden Heer- und Handelsstraße, zur Kapelle Zur Hilligen Seele pilgerten. Aber auch landschaftlich ist er sehr reizvoll, denn er führt durch idyllische Täler und beeindruckende Buchenwälder.

Los geht's am Haxtergrund, einem beliebten Naherholungsgebiet der Paderborner. Nur wenige Kilometer später trifft man auf ein erstes Pilger-Highlight der Route: Die fast 140 Jahre

Beim alljährlichen Martinsmarkt auf Schloss Hamborn werden viele schöne selbstgemachte Dinge angeboten.

alte Marienstatue am »Stern«, die anmutig auf einem Sockel thront.

In südlicher Richtung liegt die Siedlung Schloss Hamborn, die Mitte des 19. Jahrhunderts entstand. Neben einer Waldorfschule betreibt die Rudolf Steiner Werkgemeinschaft hier unter anderem ein Hofgut mit Land- und Forstwirtschaft sowie eine Bäckerei und Käserei. Es lohnt sich, ausreichend Zeit mitzubringen, um den tierischen Bewohnern des Hofes Guten Tag zu sagen oder die Produkte aus eigenem Anbau zu verkosten. Auch das Café Alte Schule (www.cafe-schloss-hamborn.de) setzt voll und ganz auf Speisen und Getränke aus kontrolliert biologischer Erzeugung.

Gut genährt geht's nun weiter. Unterwegs begegnen einem immer wieder Tafeln mit Zitaten und Texten, die zum Nachdenken, Philosophieren und Besinnen anregen. Diese sind nicht religiös motiviert, sondern behandeln Themen wie Mut und Achtsamkeit – eine ideale Unterstützung für den modernen Pilger. Passend dazu führt die Strecke dann am Friedwald Nonnenbusch entlang – einem Naturfriedhof, auf dem man sich unter einem Baum bestatten lassen kann.

Etwa auf dem letzten Drittel des Rundweges befindet sich die kleine weiße Kapelle Zur Hilligen Seele, die seit über 1000 Jahren ein Ort tiefgläubiger Kreuzverehrung ist und zahlreiche Pilger und Wallfahrer anlockt. Selbst

---

Hin & weg: Die PaderSprinter-Linie 46 verkehrt zwischen Paderborn und dem Haxtergrund, Zielhaltestelle Vereinshaus.

Beste Zeit: Frühling, Sommer, Herbst.

Dauer & Strecke: 2 Tage; 1. Tag: 5 Std. (reine Gehzeit), 20,9 km; 2. Tag: 5,5 Std., 21,4 km.

Ausrüstung: Festes Schuhwerk, so viel wie nötig, so wenig wie möglich. Am Alten Pilgerweg gibt es mehrere Gastronomiebetriebe, etwa das Bauernhofcafé Kapellenhof in Etteln (www.kapellenhof.net), das über einen 300 m langen Abstecher zu erreichen ist.

Wenn es Nacht wird: Das In VIA Hotel Paderborn bietet einen reduzierten Preis für Jakobspilger sowie ein kostenfreies Lunchpaket für Pilger, die übernachten; Pilgerstempel an der Rezeption (www.inviahotel.de).

wenn man nicht gläubig ist, fällt es einem schwer, sich der spirituellen Atmosphäre dieses Ortes zu entziehen.

Wer nach dieser Route auf den Geschmack gekommen ist, kann sich am nächsten Tag von Paderborn aus auf den Jakobsweg begeben. Als erstes Etappenziel bietet sich die Strecke nach Dalheim an.

Übrigens: Den Pilgerausweis für den Jakobsweg kann man sich bei den Jakobusfreunden Paderborn e. V. bestellen. Weitere Infos unter www.jakobusfreunde-paderborn.com

FAZIT: EINE TOLLE MÖGLICHKEIT, UM SICH AUF SINNSUCHE ZU BEGEBEN.

SONST NOCH WICHTIG

Ein- und Überblick

Karten für den schnellen Überblick, praktische Tipps, mehr über die Autorinnen sowie ein Ortsregister zum schnellen Nachschlagen gibt es auf den folgenden Seiten.

GPX-Download aufs Smartphone – so geht's

Voraussetzung:
Eine Outdoor-App muss installiert sein, z. B. KOMPASS, Outdooractive oder Komoot. Zum Einlesen des QR-Codes benötigen ältere Android-Geräte eine QR-Code-App. Bei neueren Android- und iOS-Geräten ist diese Funktion in der Kamera integriert.

Daten downloaden:

1. Den QR-Code einlesen oder die Webadresse im Browser eingeben, um auf die Eskapaden-Website zu gelangen.
2. Die gewünschte Tour zum Download anklicken.
3. Bei IOS-Geräten werden die GPX-Daten direkt mit der vorab installierten App verknüpft. Bei Android-Geräten muss ggf. noch ein Weiterleiten-Button geklickt werden (z. B. oben rechts im Display). Manche Apps zeigen den Tourverlauf starr an, andere haben eine Navigationsfunktion dabei.

Tourenverlauf

GPX-Daten zum kostenlosen Download www.dumontreise.de/eskapaden/ostwestfalen-lippe

short.travel/bvcls

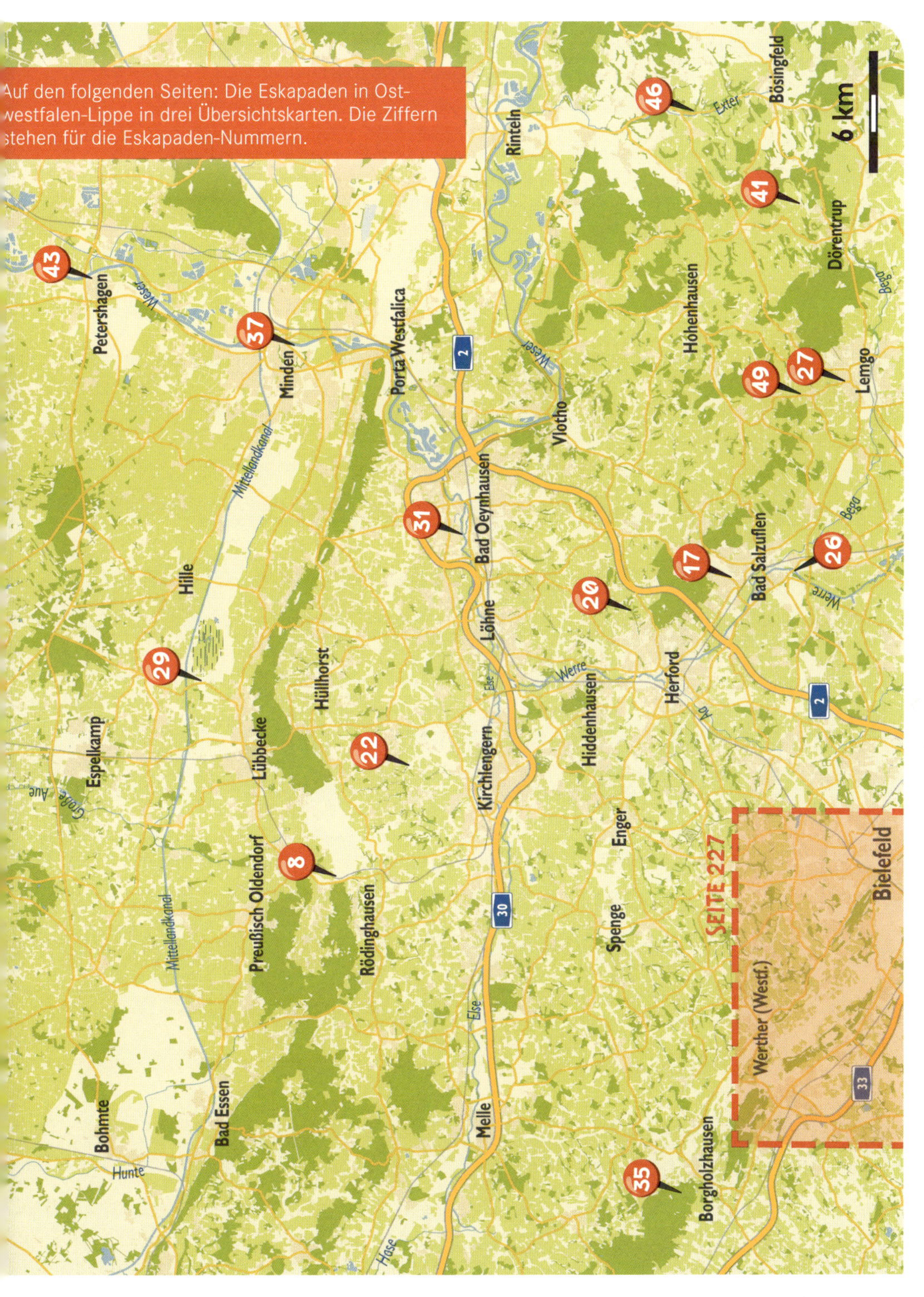
Auf den folgenden Seiten: Die Eskapaden in Ost-
westfalen-Lippe in drei Übersichtskarten. Die Ziffern
stehen für die Eskapaden-Nummern.
6 km
46
41
43
37
31
29
27
49
26
22
20
17
8
35
Bösingfeld
Exter
Rinteln
Dörentrup
Begа
Lemgo
Hohenhausen
Vlotho
Weser
Porta Westfalica
Minden
Petershagen
Mittellandkanal
Bad Oeynhausen
Bad Salzuflen
Werre
Hille
Löhne
Herford
Hiddenhausen
Hüllhorst
Espelkamp
Große Aue
Lübbecke
Kirchlengern
Else
Enger
Preußisch Oldendorf
Rödinghausen
Spenge
SEITE 227
Bielefeld
Werther (Westf.)
Bad Essen
Bohmte
Hunte
Melle
Borgholzhausen
Hase
2
30
33

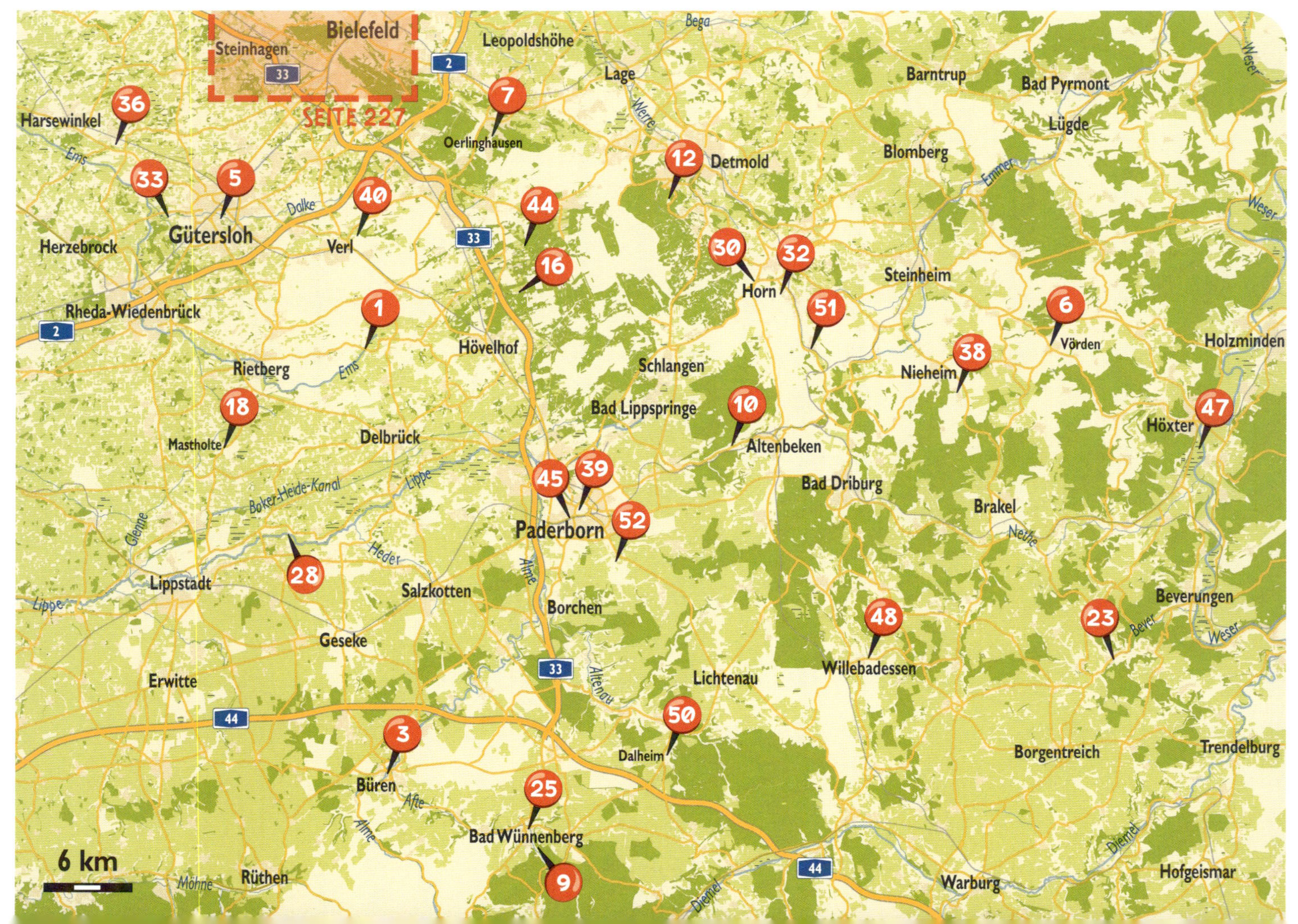
Bielefeld
Steinhagen
SEITE 227
Leopoldshöhe
Lage
Barntrup
Bad Pyrmont
Lügde
Harsewinkel
Oerlinghausen
Detmold
Blomberg
Gütersloh
Herzebrock
Verl
Horn
Steinheim
Rheda-Wiedenbrück
Hövelhof
Vörden
Holzminden
Rietberg
Schlangen
Nieheim
Bad Lippspringe
Altenbeken
Höxter
Mastholte
Delbrück
Bad Driburg
Brakel
Paderborn
Lippstadt
Salzkotten
Borchen
Beverungen
Geseke
Willebadessen
Erwitte
Lichtenau
Dalheim
Borgentreich
Trendelburg
Büren
Bad Wünnenberg
Rüthen
Warburg
Hofgeismar
6 km
Weser
Bega
Werre
Emmer
Ems
Dalke
Lippe
Boker-Heide-Kanal
Glenne
Heder
Alme
Altenau
Nethe
Bever
Afte
Möhne
Diemel
1
3
5
6
7
9
10
12
16
18
23
25
28
30
32
33
36
38
39
40
44
45
47
48
50
51
52

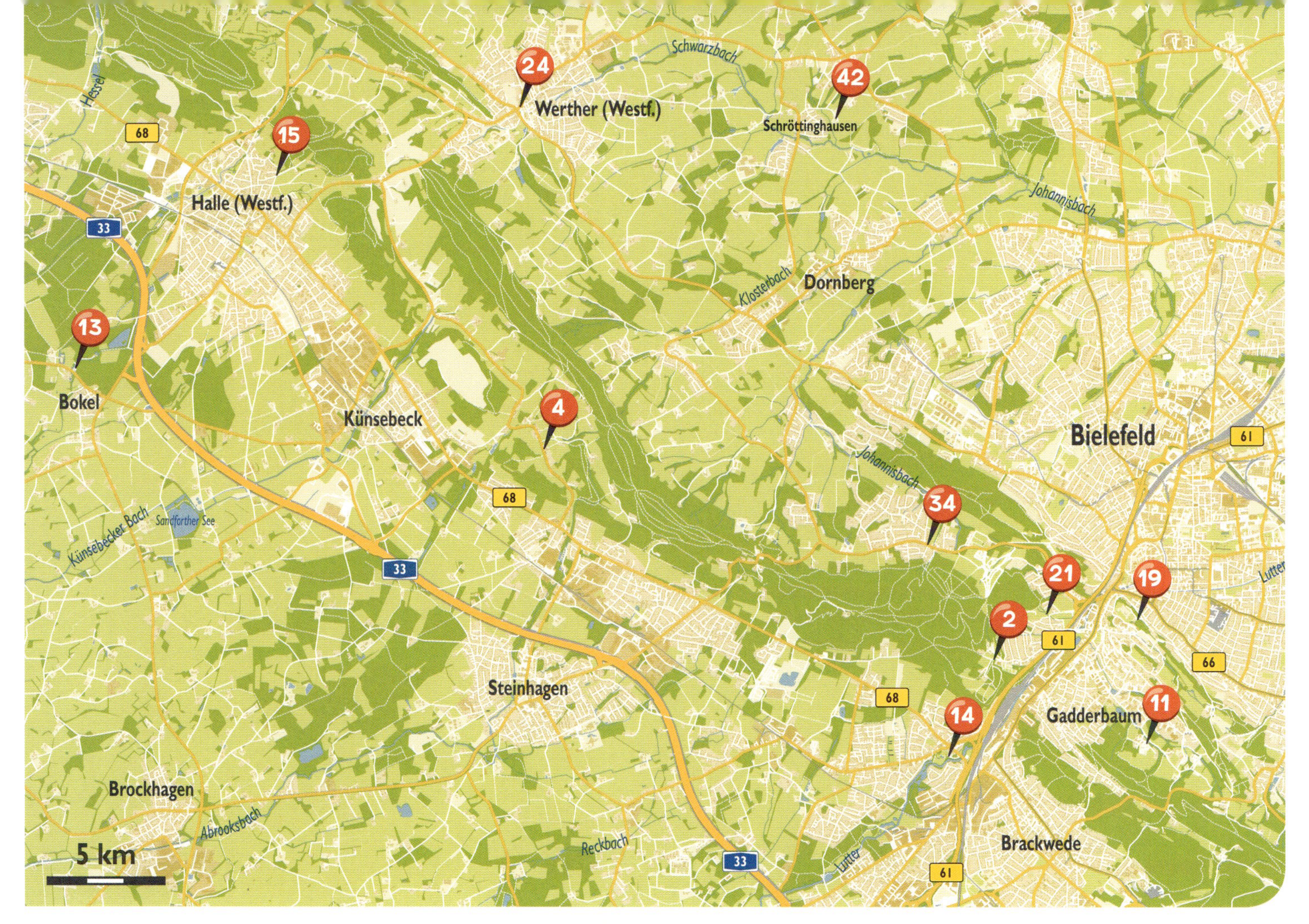

24
Werther (Westf.)
Schwarzbach
42
Schröttinghausen
Hessel
68
15
Halle (Westf.)
33
Johannisbach
Klosterbach
Dornberg
13
Bokel
Künsebeck
4
Bielefeld
61
Johannisbach
34
68
Sandforther See
Künsebecker Bach
33
21
19
Lutter
2
61
66
Steinhagen
68
14
11
Gadderbaum
Brockhagen
Abrooksbach
5 km
Reckbach
33
Lutter
Brackwede
61

NOCH MEHR ESKAPADEN ...

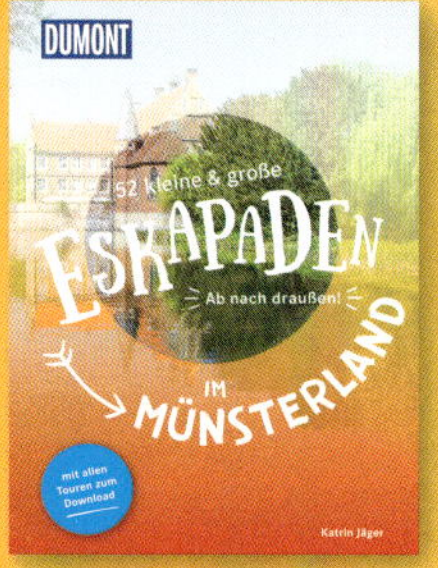

ISBN 978-3-616-11000-4 ISBN 978-3-7701-8096-7 ISBN 978-3-7701-8082-0

IMPRESSUM

Reihenkonzept Monique Sorban

Projektmanagement Svenja Heinle

Cover-/Buchgestaltung & Illustrationen Carolin Weidemann, Köln, www.weidemann-design.com

Umschlagproduktion, Lektorat & Buchproduktion Verlagsbüro Wais & Partner (Beate König, Julia Rietsch, Kai Wieland), Stuttgart, www.wais-und-partner.de

Text & Fotos Ann-Christin Meermeier (Titelbild, #3, 4, 5, 6, 7, 8, 12, 13, 15, 17, 18, 23, 25, 27, 28, 30, 33, 34, 35, 37, 39, 41, 44, 45, 49, 51), Rebecca Schirge, www.ausliebezumtext.de (#1, 2, 9, 10, 11, 14, 16, 19, 20, 21, 22, 24, 26, 29, 31, 32, 36, 38, 40, 42, 43, 46, 47, 48, 50, 52); mit folgenden Ausnahmen: Biologische Station Senne (S. 70 o.), Hans Böhm (S. 194 r.), Dirk Gerhardt (S. 191), GSP Rietberg GmbH (S. 192), Katharina Hinze (S. 88 r.), Lukas Holzmeier, www.lukas-fotografie.de (S. 5 u., 12, 50-52, 53 r.o., 70 u., 72 l.u., 82-84, 90, 92, 168, 178-179), Katharina Hunger (S. 63, 64 r., 194 l.), Christoph Krahe (S. 132 o.), Barbara Laß (S. 137, 152), Michael Laß (S. 127 Lizenz: CC BY-SA 4.0), Sabine Meyer, www.missmeyerfotografie.de (S. 231 r.), Daniel Pankoke, www.photography-wildlife.de (S. 72 l.o.), Maria Reitzki (S. 43, 198-199, 224), Stefan Rudolph (S. 21 l., 37 l.), Erwin Schirge (S. 126), Claudia Quirini-Jürgens (S. 17 l.o.), Christian Venne (S. 34 u.), Estera Zuranski (S. 231 l.).

Kartografie © KOMPASS, Innsbruck, unter Verwendung von Kartendaten von © OpenStreetMap-Mitwirkende, Lizenz CC-BY-SA 2.0

Hinweis Alle Informationen wurden mit größtmöglicher Sorgfalt geprüft. Infolge der Corona-Pandemie kann es allerdings zu kurzfristigen Geschäftsschließungen und anderen Änderungen vor Ort gekommen sein.

Printed in Poland

3. Auflage 2022

ISBN 978-3-616-11017-2

www.dumontreise.de

Geschmacks-sachen

Ostwestfalen ist keine Region der vielen traditionellen Köstlichkeiten. Pickert ist jedoch einzigartig. Dafür wird ein Teig aus Mehl, Hefe, geriebenen Kartoffeln und Rosinen zubereitet. Er wird in der Regel in der Pfanne ausgebacken. Gewöhnungsbedürftig, aber lecker: Man serviert ihn mit Leberwurst und Pflaumenmus. Das Café Brinkmeier am Steinhorster Becken (#1) hat die Spezialität auf der Karte.

Eingetütet

Ostwestfalen-Lippe ist schön. Und das soll auch so bleiben. Dass man alles wieder mitnimmt, was man mitgebracht hat, sollte selbstverständlich sein. Aber warum nicht mal eine eigene #trashtagchallenge starten?! Mülltüte einpacken, hier und da am Wegesrand herumliegenden Müll einsammeln und fertig ist die gute Tat.

GUT ZU WISSEN ...

Ohne Auto

Viele Ziele in Ostwestfalen-Lippe sind mit dem Zug erreichbar. Bus-und Bahnverbindungen gibt's auf www.bahn.de und www.vvowl.de. Immer mehr Verkehrsbetriebe bieten beispielsweise eine kostenlose Fahrradmitnahme am Wochenende oder günstige Leihfahrräder wie E-Bikes zur Weiterfahrt an. Ein weiteres Angebot sind die sogenannten BahnRadRouten, bei denen Rad und Bahn ideal kombiniert werden können. Mehr Infos gibt's unter www.teutoburgerwald.de > Wandern Radfahren > Radregion > Service.

Sicherheit & Notfälle

Wer Hilfe braucht, wählt die internationale Notrufnummer 112. Dort werden zentral Rettungskräfte alarmiert.

Vor Ort im Netz

Lust auf mehr Ostwestfalen-Lippe bekommen? Weitere Tipps und Infos zu Aktivitäten gibt's auf www.teutoburgerwald.de. Die schönsten Fotos der Region sind unter anderem auf den Instagramaccounts @bielefeldjetzt, @meinteuto und @bielefeld_places zu finden.

ESKAPADEN-REGISTER …

Alle Orte mit Seitenverweisen

ANN-CHRISTIN MEERMEIER

REBECCA SCHIRGE

… über die Autorinnen

nn-Christin wurde auf einem Bauernhof in inem Dorf genau in der Mitte Ostwestfalens roß. Noch als Jugendliche konnte sie sich nie orstellen, diesen Ort jemals zu verlassen … bis s sie zur Ausbildung als Redakteurin dann doch ach Süddeutschland verschlug.

ber wie das so ist: Vor einigen Jahren kehrte ie in ihre Heimat zurück und wurde sesshaft. Vährend all der Streifzüge für dieses Buch stellte ie immer wieder fest, dass ihr Herz nicht ohne irund an dieser Region hängt.

Rebecca liebt es, draußen zu sein. Bei jedem Wetter und zu jeder Jahreszeit. Wenn sie nicht gerade als freiberufliche Redakteurin am Schreibtisch textet, findet man Rebecca im Teutoburger Wald. Mal wandernd, mal waldbadend und immer wieder aufs Neue fasziniert von diesem grünen Wunder: ein Blättermeer, das im Wind rauscht, magisches Licht, das durch die Bäume flutet, tanzende Glühwürmchen in einer lauen Sommernacht oder Nadelholz, das einen würzigen Duft verströmt … Die Natur hält unzählige Glücksmomente bereit.

Auch das Reisen zählt zu ihren Leidenschaften. Was sie dabei erlebt, berichtet sie im Blog www.rebeccaswelt.de

Über den Dingen

Eskapade #41: Der ruhige und landschaftlich wunderschöne Höhenweg in Schwelentrup bringt einen ganz schnell raus aus dem Alltag und bietet weite Aussichten über das Lipperland. Das ist Balsam für die Seele.

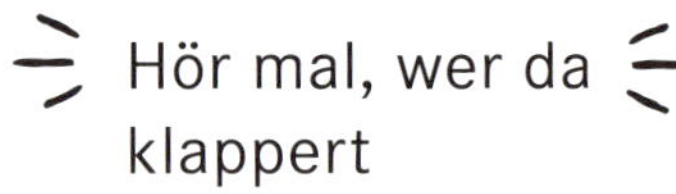

Hör mal, wer da klappert

Eskapade #43: Im Frühjahr beginnt die Brutzeit der Weißstörche. Auf der Storchenroute im Kreis Minden-Lübbecke sind sie besonders zahlreich anzutreffen. Saftig grüne Weserauen, urige Dörfer mit alten Fachwerkhäuschen und Mühlen – das alles gibt's bei dieser Radtour noch obendrauf.

5 BESONDERE EMPFEHLUNGEN ...

Endlich Frühling

Eskapade #4: Der ostwestfälische Winter ist trüb und regnerisch. Umso mehr freut man sich auf den Frühling. In Steinhagen auf dem Leberblümchenberg wird man für das lange Warten entschädigt – mit einem blauen Wunder.

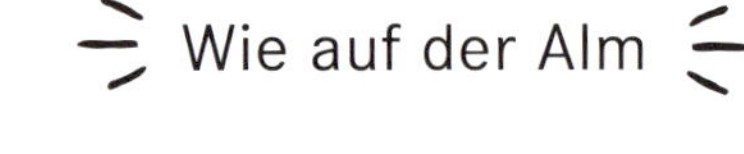

Wie auf der Alm

Eskapade #23: Ziegen, die auf Berghängen weiden, schmale Pfade zwischen hüfthohen Wiesenblumen, weite Blicke über das hügelige Land. Das Weserbergland in Dalhausen ist zauberhaft und ein echter Geheimtipp.

Der frühe Vogel ...

Eskapade #19: Sie thront hoch oben über Bielefeld und ist immer einen Besuch wert: die Sparrenburg. Wer zum Sonnenaufgang kommt, kann von der Promenade aus zuschauen, wie die Stadt langsam aus dem Schlaf erwacht. Ein Erlebnis der besonderen Art, dafür lohnt sich das frühe Aufstehen allemal.